全民阅读体育知识读本

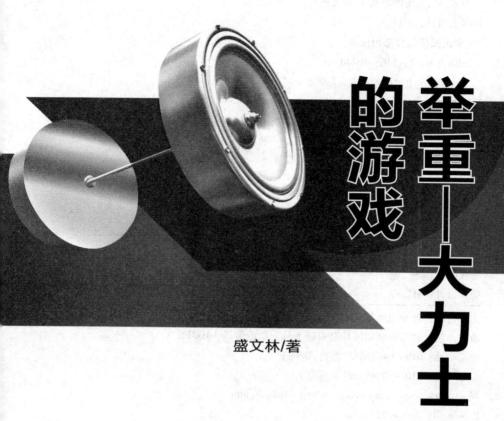

举重——大力士的游戏

的游戏

盛文林/著

台海出版社

图书在版编目（CIP）数据

举重：大力士的游戏／盛文林著． －－北京：

台海出版社，2014.7

（全民阅读体育知识读本）

ISBN 978－7－5168－0440－7

Ⅰ.①举… Ⅱ.①盛… Ⅲ.①举重－基本知识

Ⅳ.①G884

中国版本图书馆 CIP 数据核字（2014）第 175064 号

举重：大力士的游戏

著　者：盛文林

责任编辑：王　品　　　　　　　装帧设计：视界创意

版式设计：林　兰　　　　　　　责任印制：蔡　旭

出版发行：台海出版社

地　　址：北京市朝阳区劲松南路 1 号　邮政编码：100021

电　　话：010－64041652（发行，邮购）

传　　真：010－84045799（总编室）

网　　址：www.taimeng.org.cn/thcbs/default.htm

E－mail：thcbs@126.com

经　　销：全国各地新华书店

印　　刷：北京一鑫印务有限公司

本书如有破损、缺页、装订错误，请与本社联系调换

开　　本：655×960　　　1/16

字　　数：130 千字　　　　　　印　　张：12

版　　次：2014 年 10 月第 1 版　印　　次：2021 年 6 月第 3 次印刷

书　　号：ISBN 978－7－5168－0440－7

定　　价：29.60 元

前　言

　　举重是一项非常古老的运动，是通过多种方式和方法举起重物，以增强体质，特别是以发展力量为目的的运动项目。举重也是其他很多运动项目发展力量的有效手段，也是国内外运动竞赛的主要项目之一。从1896年第一届奥运会起，举重就被列入正式比赛项目。

　　举重运动通过负重以进行练习，以年龄、性别分组，按体重分级进行比赛，具有对场地、器材、设备要求灵活的特点。尽管重大国际、国内比赛对场地设施及比赛规则都有着严格的要求，但以健身为功能的举重却非常普及。普通人对场地的空间及装饰要求极少，对器材的要求也十分简单，因此练习举重的热情也很大。举重能起到强身健体的作用，也因此受到世界各国人们的喜爱。

　　本书参考了大量专业资料，从举重运动的起源与发展开始，对举重运动的场地设施、竞赛规则、技术战术、裁判标准、赛事组织及举坛明星等内容都做了简洁而全面的介绍。为适应青少年的阅读习惯，本书力图做到简洁明了，内容以基础知识为主，以期帮助举重爱好者对这一运动有所了解，并能掌握基本的举重练习方法，指导自己进行科学、有效的举重健身训练。

目　录

PART 1　项目起源 ··· 1

举重的起源 ··· 1

PART 2　历史发展 ··· 3

古代的举重 ··· 3

近代的发展 ··· 6

PART 3　目前状况 ·· 12

举重的现状 ··· 12

PART 4　场地设施 ·· 15

运动场地 ··· 15

运动器材 ··· 15

其他装备设施 ··· 18

比赛正式文件 ··· 20

比赛服装 ··· 21

PART 5　风格流派 ·· 24

竞技举重 ··· 24

力量举重 ··· 24

PART 6 竞赛规则 27

技术规则 27
竞赛动作 28
竞赛通则 30
竞赛官员 36
世界纪录规则 42

PART 7 技术战术 44

基本技术 44
技术分析 73
训练理论 76
教学训练 83
举重战术 123

PART 8 项目术语 127

PART 9 裁判标准 136

组织、人员与职责 136
程序、评分与要求 139

PART 10 赛事组织 145

举重组织 145
重要赛事 149

PART 11 礼仪规范 152

入场礼仪 152
赛前礼仪 153
领奖礼仪 154
握手礼仪 155

观赛礼仪 ·· 157

PART 12　明星花絮 ································ 158

吴数德 ·· 158

石智勇 ·· 159

乐茂盛 ·· 161

张国政 ·· 164

刘春红 ·· 166

周璐璐 ·· 168

塔伊兰 ·· 171

波多贝多娃 ······································ 173

拉扎扎德 ·· 175

PART 13　历史档案 ································ 177

男子举重世界纪录 ································ 177

女子举重世界纪录 ································ 179

中国历届举重奥运会冠军 ·························· 181

2012 年伦敦奥运会举重成绩 ······················ 183

PART 1 项目起源

举重的起源

　　和很多现代运动一样，举重运动也有着非常悠久的历史，最早它作为人类生存的一种基本活动技能，在人类的发展过程中经历了从实用到竞赛、从竞赛到健身的发展阶段，最后逐步成为一种常见的运动竞赛和健身形式。

　　几十万年前，作为人类最早的祖先的类人猿就已经知道用木棒、石块等十分原始的工具猎取食物，进行自卫。在劳动或者格斗中，有时人们要搬动或举起沉重的物品，在这种生存实践的过程之中，人们也发现经常的锻炼有助于力量的增加，他们常用举重物来锻炼身体，增加力量，世界各地都会有一些大力士的故事和传说，来讲述这些大力士们在力量上的非凡表现。

　　考古学家发现，在埃及古老的壁画上，记载了法老王的王子们用沙袋和其他重物来锻炼身体，壁画上记载着通过举起重量物来衡量体力强弱，以此选拔最强壮的人。这都说明早在 6000 年前，举重便已经成为健身的方式。

　　同样，举重在军事上也用来评估士兵的身体素质。在古代中国，士兵们也通过举起某些重物来进行训练与比赛。根据记载，最常用的一种举重用的器物是"鼎"，根据推测，其动作应该同今天的抓举有些类似。

　　在希腊的雕塑和绘画中也有对举起重物的描绘。公元前 500 年左右的一幅画描绘的是一名年轻人一手举着一块粗糙的大石块，每个石块比他的头至少要大一半。随着这种举石块活动的发展，石块慢慢变成了哑铃，之后哑铃的形状也不断演变，直到演变成后来的杠铃。

根据以上线索可以发现，在世界上许多地方都有类似的举重物的活动，这也成为未来举重运动的起源。

PART 2 历史发展

古代的举重

举重运动在世界上许多地方都有着悠久的历史。

早在古罗马时期，当时的角斗学校和军队中已经使用哑铃操来锻炼身体，增加肌肉力量，以此来提高格斗水平。

在苏格兰，曾经发现一块叫做"勇气"的石头。根据考证，在古代苏格兰流行一种举石块的运动，青年人如果能将 100 千克以上的石头提起放到 1.2 米以上的高处，便有资格戴成人戴的高帽子。

在德国慕尼黑的阿普特科霍夫古堡中有一块试验人的力气的著名大石头，重 400 多磅（约合 181.4 千克）。在其 1490 年的碑文上刻着："巴伐利亚的杜克·克里斯托夫举起了这块石头，并扔了出去。"

在古代的西班牙人中间也流行一种将大石头提起放至肩上的运动。曾有一个大力士阿圭里能将 200 千克的大石从地面提至肩上，五分钟内重复七次。这种传统运动项目，西班牙人一直保持到现在。

在法国和西班牙巴斯克省（欧洲比利牛斯山西部）农村，举石头至今仍然是一种很普及的比赛力量的民间运动项目。他们举的石头叫"伊沙轮"，形似圆辊，两端有扣手或把柄，很像我国北方农村的石碾子。

各种形式的举重运动在中国有着更为悠久的历史，我们的祖先很早就从劳动和战争中认识了力量的重要性。在古代的军事格斗中，兵器的重量常常对格斗胜负起着决定性的影响，重量较大的兵器使敌人更难抵挡，较重的兵器当然也要求使用者有更大的力量。一些传统演义小说中对此做了略有夸张的描述，如汉末三国时蜀将关羽的大刀重82斤，隋末唐初大将李元霸使用两柄铜锤各重100斤。

据汉司马迁（公元前145~公元前87年）在《史记·项羽本纪》中记载："籍（项羽）长八尺余，力能扛鼎"，由此可见项羽力气很大。另在《史记·秦本纪》中也记载："武王有力好戏，力士作鄙、乌获，孟说皆至大官。武王与孟说举鼎，绝膑。"这件事发生在公元前310年春秋战国秦武王荡时代，就是有名的"举鼎绝膑"的典故，距今已近2300年。这大概是人类历史上有记载的、最早的举重比赛。

在晋朝，在《文选·左思吴都赋》里也有"翘关扛鼎"的记载。"关"是指顶城门的杠子或门闩，也有人认为"关"后来演化为专门练力量的器械，扛鼎即举鼎。到了唐朝，选拔将领也像选拔文官一样，实行科举制度，称为武科举，除刀马弓箭等科目外，举重也被列为武考的重要科目之一。

扛 鼎

唐朝时，据《新唐书·选举制》中记载："长安二年始置武举。其制有长垛、马射、步射、筒射，又有马枪、翘关、负重之选。翘关长丈七尺，径三寸半，凡十举后，手持关，距出处无过一尺。负重者，负米五斛，行二十步，皆为中第。"这可见当时力量比赛的激烈程度。

到了明朝，在军事上同样重视力量的训练。比如我国著名抗倭爱国将领戚继光，就在"戚家军"中把增强体力作为练兵的重要手段。他铸了一个三百斤重的铁人，令士兵背在身上走路，以能走一里远为合格。明隆庆四年（1570年）的选兵条例中写道："凡天下军民人等，力胜五百斤、四百斤、三百斤以上及武艺出众者，府州县呈送抚按，严加考核。如果武艺不凡，量给衣巾，充为武生。其力举五百斤者留为教师。"

明嘉靖年间的《钦定武场条例》中规定："勇技以八力弓，八十刀，二百石为三号；十力弓，一百刀，二百五十石为二号；十二力弓，一百二十刀，三百石为头号。弓必开满，刀必舞花，石必离地一尺"。这些条例是选拔武将的多种力量测试。这些比试的项目不但需要很大的力量，还要有高超的力量技巧，最后一项已经和今天举重训练中的硬拉或硬举有类似之处。

随着中国传统武术的发展，为了学习并掌握武功，必须具备相当的力量，这就需要用各种器

石 锁

械和各种方法进行锻炼。因此，举重（举石锁、石担、大刀等）是习武的人必练的基本功。

藏人举石头

至于民间各业劳动人民用举石担、石锁等重物锻炼力气、增强体质的事例更不胜枚举。我国藏族人民也很早就有举石头的比赛。

通过种种的史料记载和文物考察，可以发现自古至今全世界很多地方都有用举重物比赛勇力的活动。有许多证据证实，希腊人用举石头进行力量比赛，希腊人也是最早用哑铃操锻炼身体的民族。现在所知道的古希腊时代跳远和体操用的哈特利斯便是哑铃的原型。

上述记载各种形式的举重运动在历史长河中不断地延续和发展，和今

天相比，古代的举重活动虽然是原始性的，但对增强体力、健身祛病、防身御敌确实起着积极作用，因而作为一种影响广泛的运动，一直流传到现代。

近代的发展

国际举重运动的发展

近代举重运动始于 18 世纪初，当时在欧洲许多国家如法国、英国、瑞士、德国、奥地利等，都已有举杠铃和哑铃的举重运动。据体育运动史学家们的记载，现代意义上的大力士比赛自 1825 年开始在巴黎出现，在伦敦和布鲁塞尔始于 1840 年，在纽约始于 1868 年，在华沙始于 1873 年，在维也纳始于 1880 年，在彼得堡始于 1885 年。

尤金·山道

19 世纪末 20 世纪初，在世界各地的大力士比赛上出现上出现许多有名的大力士，最为知名的代表人物是德国大力士尤金·山道。

尤金·山道 1867 年 4 月 2 日出生在德国的康尼斯堡，原名为法德利·密勒。他首创了通过各种姿态来展示人体美，而且为现代健美运动的发展奠定了基础，所以他被公认为国际健美运动的创始人，和世界上第一位健美运动员。尤金·山道肌肉发达，各部分比例非常匀称，人们都把他看作力与美的化身，加以崇敬和模仿。他的身高为 174 厘米，体重为 90 千克，胸围 122 厘米，腰围 80 厘米，颈围 45 厘米，上臂围（紧张时）44 厘米，大腿围 66 厘米，小腿围 42 厘米。尤金·山道在练习健美的过程中不可避免地要进行大量的力量训练，除举重外，常进行肌肉健美和力量技巧表演，他对力量训练进行了许多科学的总结和方法上的创新，也为举重运动的发展奠定了理论基础。

事实上，除了尤金·山道，当时世界上还有许多力气比他大的大力士，如德国的萨逊、加拿大的路易士·赛、美国的诺奎士、英籍俄国人赫根施密特等，都有超人的体格和非凡的力量。当时很多举重家和角力家属于职业大力士，常随马戏团或杂技团做巡回表演。他们表演的力量技巧节目往往非常惊人。

尤金·山道

举重比赛伴随着力量训练产生，第一次较为正式的世界比赛是于 1891 年 3 月在英国伦敦皮卡迪里广场的莫尼科露天餐厅举行的。名义是世界比赛，而且也向当时著名的大力士们发出了邀请，实际上著名大力士却只有尤金·山道一人参加。尤金·山道在这次赛会上创造了右手弯身举 179 磅（约 81 千克）、右手抓举 126 磅（约 57 千克）、左手抓举 119 磅（约 54 千克）、单手挺举 160 磅（约 72.6 千克）等纪录。两年后在这里又举行一次国际比赛。比赛方式是两手分别用重 56 磅（约 25.5 千克）和 84 磅（约 38 千克）的哑铃同时推举和交替推举，结果英国人列维连续举的次数最多而获胜

第一届世界个人冠军赛于 1898 年在奥地利维也纳举行。世界上第一个以大陆式挺举举起 400 磅（约 181.6 千克）的人是丹麦的卡尔·斯沃博达，他是 1910 年在维也纳创造这一纪录的。此后不久他又创造推举 170 千克和挺举 195 千克的世界纪录。

早期的举重器械主要是大哑铃和小哑铃。

哑 铃

随着举重的推广，器材也不断改进，后来发展到圆球杠铃。这些早期的举重器材重量固定，无法调节。后来经过改进，把两端的圆球做成空心，旁边有孔，可以装入铁砂或铅砂来调节重量。可调节杠铃始于1910年前后，到1920年以后，这种新式杠铃已经相当普遍，到20年代末期，所有国际比赛均使用了可用杠铃片加重的杠铃。杠铃片直径为45～55厘米，杠铃杆直径为3厘米，长187厘米。这种杠铃的出现，大大加速了举重运动的发展和技术水平的提高。

第一次正式的国际举重比赛是在1896年于希腊举行的第一届奥运会上进行的。当时的举重比赛不分级别，举的方式也只有单手举和双手举两种，并分别计算成绩。最终，英国的埃里奥特以71千克的成绩获得单手举冠军，丹麦的杨森获双手举冠军，他举起了111.5千克。直到1904年，第三届奥运会比赛仍采用这两种举重方式。鉴于当时没有比较完善的举重竞赛规则，从1908年到1912年，没有运动员参加奥运会举重比赛。

最初的几届奥运会和世界举重比赛上，由于器材不标准，再加上有着很浓的表演性质，所以在举法上多种多样，有推举、抓举、挺举、侧举、弯身举、平举、分手举、大陆式举等等，并有单手举和双手举之分。比赛缺乏严格统一的规则和标准，不仅比一次所举的重量，有时也用固定重量比连续举起的次数。早期比赛参加者的人数有限，1910年以前的奥运会举重比赛和世界级的举重比赛上，参加者常常只有几个国家的几个运动员。1900年的第二届奥运会、1908年的第四届奥运会和1912年的第五届奥运会，甚至因运动员太少而没有进行举重比赛。

到1920年为止，国际举重比赛分别沿着奥运会和世界锦标赛两条线各自进行。世界锦标赛非常频繁，1898至1913年间共举行了16届世界锦标赛，1904年在美国圣路易举行的第三届奥运会上进行举重比赛，依然是不分体重级别，竞赛动作还是单手和双手举。1905年和1911年，每年都举行3届世界锦标赛。然而到那时为止，比赛仍然没有一个正规、系统、完善的竞赛规则可供遵循，竞赛动作和体重分级改来改去很不稳定，比赛中经常引起纠纷。

1905年在柏林举行的第四届世界举重锦标赛上，将体重分为3个级别：轻量级，（70千克以下）、中量级（70千克至80千克）和重量级（80千克以上）。1910年的第11届世界举重锦标赛，将体重分成了4级，增加了次轻量级（60千克级）。举重规则及标准的混乱状况使热心开展举重运动的有识之士认识到国际间的举重比赛，必须在一个国际联合组织的领导下，制定统一的规则，这样才能使比赛顺利进行。1913年，世界举重联合会应运而生。但是，由于1914年爆发第一次世界大战，世界举重联合会被迫解散。以后6年间，因受第一次世界大战影响，没有举行过世界举重比赛。

1920年，国际举重联合会在巴黎正式成立。总部设在匈牙利的布达佩斯。国际举联的成立，极大地推动了世界举重运动的发展，促进了世界举重竞赛的正规和完善。

1920年第七届奥运会，正式恢复举重比赛，并按体重大小分5个级别。即次轻量级（60千克级）、轻量级（67.5千克级）、中量级（75千克级）、轻重量级（82.5千克级）和重量级（82.5千克以上级）。比赛的动作改为单手抓举、单手挺举和双手挺举。同年在维也纳还举行了第十七届世界锦标赛，也是分为5个级别进行。

1924年第八届奥运会的举重比赛，除体重仍分5个级别外，比赛动作增至五项，即原有的三项再加上双手推举和双手抓举。

在1928年第九届奥运会上，由于上述比赛项目和试举次数的增加，使比赛时间拖得过长，经各国代表讨论决定，将原来的五项改为三项，即双手推举、双手抓举和双手挺举。这三项规定举重动作方式一直沿用至1972年。在体重分级方面，1947年的世界举重锦标赛采纳了当时的举重强国——埃及的建议，从5级升至6级，增加了最轻量级（56千克以下）。四年后，又把原重量级的体重标准提到90千克以上，增加了次重量级（82.5千克以上到90千克）。自此7个级别又通行到

1972 年。

我国举重运动的发展

举重运动在我国有着悠久的历史，自古以来人们都把大力士当作崇拜的偶像。我国举重运动的开展有着悠久的历史。远在 2000 多年前，就有关于举重活动的记载。中国古代举重的发展大致可分为三个阶段：汉前是举鼎，晋唐为翘关，明清为举石。

现代举重运动自 1891 年在英国诞生以来，在 1925 年前后传入我国的上海、广州等沿海城市，并得到了迅速的发展。由一代武术宗师霍元甲创立的"精武体育会"于 1929 年在上海购置了一副铁制杠铃，从此开创了我国现代举重运动的先河。1930 年，赵竹光成立了上海沪江大学健美会，用杠铃、哑铃等器械开展健身运动，这便是我国现代举重训练的雏形。赵竹光是我国健美、举重运动的最早奠基人。

赵竹光

1935 年 10 月，旧中国第 6 届全国运动会在上海举行，举重第一次被列为表演项目。1948 年 5 月，在上海举行了旧中国的第 7 届全国运动会，举重被列为正式比赛项目，参赛选手达 23 人。在 5 个级别中，除重量级冠军被上海选手常冠群获得外，其余均为马来西亚华侨所得。难能可贵的是，在这次比赛中，还有一名女运动员参加了表演，这就是来自马来西亚的华侨何丽英。

新中国成立后，举重运动得蓬勃发展。举重不仅成为广大群众喜爱的一项运动，而且成为其他运动项目发展力量的重要手段。1952 年 8 月，在中国人民解放军第 1 届运动会上，举重被列为比赛项目，在部队中得到了推广。1953 年 11 月，在天津举行的全国民族形式体育表演及竞赛大会上，举重也被列为竞赛项目，有

30 人参加了 7 个级别的比赛。这是解放后最早举行的两次全国性比赛。

　　由于举重运动的蓬勃开展，1955 年 3 月我国举行了第 1 次全国举重单项比赛，赛后抽调了 12 名队员正式组建了中央体育学院竞技指导举重队，这就是国家举重队的前身。同年 5 月，中国青年举重队赴苏联学习训练，历时 5 个月的学习使选手们的水平大幅提高，他们也学到了不少先进的技术和训练方法。1956 年 6 月 7 日，我国 56 千克级运动员陈镜开在上海以 133 千克的成绩打破了美国运动员温奇保持的该级别挺举世界纪录，成为我国体育史上第一个创造世界纪录的运动员，举重运动在我国也达到了一个新的高度。

　　从 1956 年到 1966 年，我国共计有 10 名运动员先后 31 次打破了 5 个级别的 11 项世界纪录，我国举重运动达到了世界先进水平。举重项目向来是中国军团的奥运夺金点——就拿男举来说，他们在前六届奥运会中先后夺得了 9 枚金牌，成为奥运史的第一亮点。1984 年的洛杉矶奥运会上，广东选手曾国强以 235 千克的总成绩夺冠，成为中国举重第一个奥运冠军。此后，中国举重选手更是成绩斐然，先后涌现出吴数德、占旭刚、张国政、杨霞、唐功红等一大批优秀举重运动员。此后，中国举重队不断进步，2000 年悉尼奥运会上女子举重成为正式比赛项目，中国女子举重队包揽全部 4 块金牌。此后，女子举重项目也成为中国代表团在奥运会上稳定的冲金点。2008 年，北京奥运会举重队共计 21 人，其中包括运动员 10 人，官员与教练人员 11 人，共参加 9 项比赛，收获 8 金 1 银，达到了一个中国举重运动史上的巅峰。

PART 3 目前状况

举重的现状

　　正式国际举重比赛主要是沿着国际奥林匹克运会和世界锦标赛两条线发展的。开始时奥运会举重比赛和世界锦标赛分别各自进行，在举行奥运会的年份，也会同时举行世界锦标赛。在 1896 至 1920 的 25 年中，共举行了 3 届奥运会举重比赛和 17 届世界锦标赛。国际举联成立以后，在 1921 年 1945 年这 25 年中，共举行了 4 届奥运会举重比赛和 4 届世界锦标赛。在这期间，两个比赛交替进行。

　　到 1946 年，根据国际举联的新决定，开始了每年一届的世界锦标赛，同时在奥运会年则停止当年的世界锦标赛，只举行奥运会举重比赛，从而出现了两个比赛平行开展的状况，1946 至 1963 的 18 年间，共举行了 4 届奥运会举重比赛和 14 届世界锦标赛。

　　1964 年开始出现了两线合一的局面，即每年举行一届世界锦标赛，奥运会年便不再另外举行世界锦标赛，但奥运会的举重比赛同时计为当年的世界锦标赛，并计算为世界锦标赛的届数。如 1964 年在东京举行的第十八届奥运会举重比赛，同时也是第十九届世界举重锦标赛。这种规定一直延续至 1987 年。

　　1967 年本应在东京举行第二十二届锦标赛，因日本与国际举联在章程上分歧而被取消比赛。从 1964 年 1987 年这 24 年中，共举行了 6 届奥运会举重比赛和 23 届世界锦标赛。

　　从 1988 年开始又回到了两个比赛平行开展的状况，即奥运会年只举行奥运会举重比赛，当年的世界锦标赛则暂停一次，也就不再计为世界锦标赛的届数。所以1987年在捷克和斯洛伐克举行了第五十八届世界锦标赛，1988年在汉城举行了第二十四届奥运会举重比赛，而1989年在希腊雅典则举行了第五十九届世界举重锦标赛。1985年以前，是从国际举联成立后的1922年开始计算世界锦标赛的届数，1985年以后则将国际举联成立前的17届锦标赛也一并计算在内了。

在比赛的分级上，自1972年第二十届奥运会起，举重比赛设为9个级别，即在原有基础上，增加了次最轻量级（52千克以下）和特重量级（110公斤以上），并将重量级改为110千克级。同年，国际举重联合会执行委员会提出取消推举，规定此后的国际比赛只有抓举和挺举两种方式。在第二十一届奥运会期间，举重级别又增为10级，增加了100千克级。

1977年，在第三十一届世界举重锦标赛上，正式将体重级别的名称改为以重量称呼，即以各体重级别的最高限度作为级别的名称，一直沿用至今，这10个级别分别是54千克级、59千克级、64千克级、70千克级、76千克级、83千克级、91千克级、99千克级、108千克级和108千克以上级。比赛项目仍为抓举和挺举两项。

由于举重运动的影响不断扩大，受到各国越来越多人的喜爱和参与，举重的赛事也逐渐增加。

从1972年开始，每年还举行一次不超过20周岁的世界青年举重锦标赛。

从1980年开始，每年举行一次世界杯举重比赛，这实际上是每年世界举坛精英的总决赛。参加人数很少，但水平却是顶级的。

从1987年开始举行的每年一届的世界女子举重锦标赛，至1997年已举行了11届，随着比赛的增多，体重级别越分越细。从不分体重级别到经过3、4、5、6、7、9、10级，级别越分越多。现在男子分10级，女子分9级，今后仍可能分出新的级别。

随着男子举重的发展，女子举重也于20世纪40年代起逐渐盛行于欧洲、美洲。1984年美国受国际举联的委托，组织了第一届女子举重通讯比赛，有12个国家参加。同年，国际举联在洛杉矶代表大会上审定并通过了新的国际举重规则，将女子举重正式列入比赛项目，同时制定了女子举重比赛的 9 个体重级别标准。1987 年 10 月 31 日至 11 月 1 日在美国德托纳比奇举行了第一届世界女子举重锦标赛。有 22 个国家和地区的 99 名运动员参加了比赛。比赛冠军的成绩被公布为女子举重世界纪录。随后，1988 年 12 月又在印尼雅加达举行了第二届世界女子举重锦标赛，1989 年 11 月在英国曼彻斯特举行了第三届世界女子举重锦标赛。到 2000 年悉尼奥运会，女子举重被列为正式比赛项目，标志着举重运动的完善。

如今，举重运动在组织上与规则上都有了完善的标准体系，在各项赛事的举行上也有着非常成熟的规定，举重运动已经成为一项影响广泛的世界性的运动。

PART 4 场地设施

运动场地

练习举重的场地没有过于严格的要求，只要有两三米见方的地方就够了。但是举重比赛则要在规定的赛场上举行，标准比赛场地是四米见方、七厘米厚的木制举重台上，如果没有这样的举重台，也可在较硬的平地上画一块 4 米见方的场地进行。

4×4 米标准举重台

举重台除以木制为主外，也可以用塑胶或其他坚固的材料制成，但台面不得涂以润滑的涂料。举重台长 4 米，宽 4 米，高 80～150 毫米，台面四周必须画 50 毫米宽的彩色边线。如举重台上安放橡胶板，则必须和台面保持完全平整。

运动器材

自举重运动诞生以后，举重器材历经演变，有杠铃、哑铃、壶铃、石担、石锁等。在这些器材中，除标准杠铃外，其余都是非比赛使用的锻炼器材。

根据举重竞赛规则，目前所有正式的竞技举重运动比赛必须使用标准杠铃，标准杠铃由横杠、铃片、卡箍三种部件组成。

横杠

男子举重比赛使用横杠必须符合下列规格：

（1）重量：20 千克。

（2）长度：2200 毫米，允许误差 ±1 毫米。

（3）直径：28 毫米，横杠平滑部分允许误差 ±0.03 毫米。

壶铃

男子比赛标准杠铃

（4）套管直径：50 毫米，允许误差 ±0.2 毫米。

（5）内卡箍之间的距离：1310 毫米，允许误差 ±0.5 毫米。

（6）内卡箍的宽度（包括套管的卡箍）：30 毫米，允许误差 ±1 毫米。

（7）为方便运动员握杠和调整手的姿势，横杠上必须刻有滚花。

女子举重比赛使用横杠必须符合下列规格：

女子比赛标准杠铃

（1）重量：15 千克。

（2）长度：2010 毫米，允许误差 ±1 毫米。

（3）直径：25 毫米，允许误差 ±0.03 毫米。

（4）套管直径：50 毫米，允许误差 ±0.2 毫米。

（5）内卡箍之间距离：1310 毫米，允许误差 ±0.5 毫米。

（6）内卡箍的宽度（包括套管的卡箍）：30 毫米，允许误差 ±1 毫米。

（7）为便于运动员握杠和调整握姿，横杠上必须刻有滚花。

铃片

铃片可根据比赛级别及运动员要求对杠铃试举重量进行调整，铃片必须符合下列要求。

（1）重量和颜色对应如下

25 千克：红色

20 千克：蓝色

15 千克：黄色

10 千克：绿色

5 千克：白色

2.5 千克：黑色

1.25 千克：铬黄

0.5 千克：铬黄

0.25 千克：铬黄

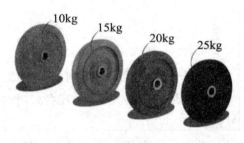

铃片颜色

组合杠铃及杠铃架

（2）最大铃片直径：450 毫米，允许误差 ±1 毫米。

（3）450 毫米铃片外面必须包上塑胶，两面均涂有永久性颜色或至少在边缘表面涂色。

（4）轻于 10 千克的铃片可用金属材料制成。

（5）所有铃片均须清楚地标明重量。

卡箍

为使铃片固定在横杠上，每根横杠须配有两个重 2.5 千克的卡箍（男、女项目相同），标准如下：

（1）每个重于 5 千克部件的重量公差为 +0.1% ～ -0.05%。每个轻于或等于 5 千克的部件，其重量公差应为 + 10 ~ 0 克。

（2）加重时，最人、最重的铃片放在最里面，其他按重量大小依次外放。铃片摆放的位置须能让裁判员看清上面标明的重量。所有铃片都必须用卡箍固定在横杠上。

其他装备设施

电子裁判灯系统

电子裁判灯系统由下列部件组成：

三名裁判员每人一个控制器。控制器配有红、白两个按钮和一个信号钮。

举重台前安装一个"放下杠铃"的声光信号器。

两套或三套"裁判灯"，每套配有三个红灯和三个白灯，并排放置在场内，向运动员和观众显示裁判员的判定。

一个或多个装有三个红灯、三个白灯和三个呼叫按钮的控制器放在仲裁委员的桌上供仲裁监控，并可召集某位或所有裁判员到仲裁委员桌前。

磅秤

在世锦赛、奥运会和其他诸如世界杯和地区运动会等重大国际比赛中，所用磅秤必须能称到 200 千克的重量，并精确到 10 克。为如实记录每名参赛运动员的体重，在世锦赛、奥运会和其他重大国际比赛中，称量体重室附近须备有一个精度相同的磅秤，以便运动员随时掌握和控制自己的体重。磅秤附带检验合格证上的日期距离比赛之日不得超过 1 年。

计时钟

在国际举联的正式比赛中，须使用一个电动或电子计时钟。其功能与要求为：

（1）至少能连续运转 15 分钟。

（2）最少显示 10 秒钟的间隔进度。

（3）在运动员试举时间结束前 30 秒钟自动发出声音信号。

（4）比赛现场和准备活动区的三部计时钟必须同步显示，并且一部面对观众，一部面对台上运动员，另一部在准备活动区内。

（5）要求计时员必须是国际裁判员。

试举显示板

试举显示板用于清楚地显示运动员姓名、试举重量和试举次数。

举重比赛中要求自始至终必须能看到试举信息。

记分板

记分板必须设在赛区的醒目之处，以便某个级别比赛时记录和显示比赛成绩。记分板上包括下列内容：

（1）出场序号。

（2）按照抽签顺序排列每位运动员姓名。

（3）体重。

（4）国家或地区。

（5）抓举三次试举。

（6）挺举三次试举。

（7）总成绩。

（8）最后名次。

要求整个比赛自始至终必须能看到记分板上的信息。

纪录牌

赛区内设立纪录牌，显示当前比赛级别的最高纪录。

要求整个比赛自始至终必须能看到纪录牌上的信息。

准备活动室

比赛时，必须为运动员在赛区附近提供一个准备活动区，并根据运动员人数配备一定数量的举重台、杠铃、镁粉等。另外，还须配备以下设备：

（1）与广播员的话筒相连的扩音器。

（2）记分板上面显示的内容与赛区前场设置的相同，并注明每位运动员赛前要求试举的重量。

（3）供值班医生使用的桌子。

（4）计时显示器。

（5）"裁判灯"显示器。

（6）电视录像回放屏，显示举重台上的比赛情况。

其他设备

（1）电子磅秤，精确到 0.01 千克。

（2）电子数字计时钟。

（3）电子裁判灯系统。

（4）手动或电子记分板（奥运会上必须采用电子记分板）。

（5）电子试举板，显示杠铃重量、试举次数、运动员姓名及其国籍。

（6）供观众观看的电视录像屏幕。

（7）国际举联竞赛管理秩序册（奥运会和世锦赛必备文件）。

比赛正式文件

在正式的举重比赛中，尤其是一些级别比较高的比赛，以下文件在提高比赛组织工作的效率方面至关重要，比赛组织方应该准备充分：

参赛运动员秩序单

提供所有参赛运动员的姓名、抽签号码、出生日期、个人最好总成绩、级别、小组、称量体重时间及比赛时间等内容。

称量体重表

在每级或每组中，由竞赛秘书长填写的本表包括下列内容：运动员姓名、抽签号码、国家名称以及经裁判员核实过的确切体重。称量体重后应立即备好并尽快分发下去。

运动员卡片

包括运动员姓名、抽签号码、国家、出生年份、体重级别和分组。此卡用来记录比赛中每次试举的重量。

成绩记录表

此表可手写或计算机打印，为证明每次比赛成绩的正式文件，其中各项内容的准确性须经竞赛秘书长和仲裁委员会主席核实并签名方有效。

破纪录证明表

此表用来记录比赛过程中被打破的所有新纪录。应包括有关每一项纪录的信息：日期、重量、级别、体重、运动员姓名、出生年份等。该表须经三名执行裁判员签名。

准备活动区通行证

注明具体级别或各组的通行证由竞赛秘书长在称量体重时签发，以表明持证人已被批准进入准备活动区和赛区。

兴奋剂检查表

共有两张表格，由兴奋剂检查监督员用来通知每一位被选中参加药检的运动员，并记录协会和分析实验室需要的必要信息。

成绩册

这份文件在锦标赛结束时分发给各代表团，其中包括所有级别的抓举、挺举和总成绩以及运动员和代表队的名次与得分。

比赛服装

在正式的举重比赛中，运动员必须穿比赛服进行比赛，服装应整洁并经专门设计，同时符合下列标准：

運動服

（1）可以是上下一件的連衣褲，或是分開的，但均應能遮住軀干部分。

（2）必須是緊身衣。

（3）不得有衣領。

（4）顏色不限。

（5）不得遮住肘部。

（6）不得遮住膝部。

（7）比賽服內可穿一件 T 恤衫，但袖長不得遮住肘部，同時還不能有衣領。

（8）比賽服裡面或外面可穿緊身連衣褲（騎行褲），但不得遮住膝部。

（9）T 恤衫和短褲不可代替比賽服。

（10）國際比賽時，運動員身穿本國協會發放的統一服裝。頒獎儀式服裝是比賽的組成部分。

（11）國際舉聯允許運動員在每件服裝上使用產品的商標或贊助商的標記（標識、名稱等），尺寸不超過 500 平方厘米。超過則被認為是廣告，將根據相應規則處理。奧運會上採用國際奧委會的規則。

（12）可穿短襪，但不能高至膝蓋，也不能與綳帶連結。

舉重鞋

運動員必須穿運動鞋（也稱舉重鞋）以保護雙腳，並使運動員能穩定地站在舉重台上。對舉重鞋要求如下：

（1）舉重鞋的製作不得有意使運動員獲得額外支撐。

（2）允許腳背處有一根扣帶。

（3）舉重鞋幫部分可重點加固。

（4）舉重鞋幫的高度，從鞋底上部算起不得超過 130 毫米。

（5）鞋底任何部位均不得超出鞋身 5 毫米。

（6）鞋後跟不得成錐形。

（7）舉重鞋可用任何材料或合成材料製成。

（8）鞋底高度不限。

（9）鞋的形状不限。

腰带

举重比赛腰带要求如下：

（1）腰带最宽不得超过120毫米。

（2）比赛服里面不得扎腰带。

绷带、线带和橡皮膏

举重比赛中，对绷带、线带和橡皮膏要求如下：

（1）手腕上、膝部和手掌可缠绷带、线带或橡皮膏。手指或拇指上也可缠线带或橡皮膏。

（2）绷带可用纱布、医用绉丝或皮革制成。膝部可缠不影响活动的整条弹性绷带或胶皮护膝，但护膝不能以任何方式加厚。

（3）手腕上绷带包住皮肤的宽度不得超过100毫米。

（4）膝部绷带包住皮肤的宽度不得超过300毫米。

（5）绷带长度不限。

（6）允许在手心手背使用橡皮膏或绷带。橡皮膏、线带或绷带可系在手腕上，但不得缠扎在横杠上。

（7）允许手指上缠橡皮膏，但橡皮膏不得超出指尖的长度。

（8）为保护手掌，允许戴特制的无指手套，如体操手套、自行车手套等。手套只可盖住手指的第一指骨。如手指上缠有橡皮膏，则橡皮膏和手套之间必须留有明显的空隙。

（9）下列身体部位不允许使用绷带或绷带的代用品：肘部、躯干、大腿、胫部、手臂。

（10）身体任何部位只准使用同一种类型的绷带。

（11）比赛服装与绷带之间必须分离明显。

PART 5 风格流派

竞技举重

竞技举重又称奥林匹克举重，即在奥运会上进行比赛的举重运动。从 1896 年第一届奥运会开始，即成为正式的比赛项目，直到今天。1920 年成立国际举重联合会。现以双手抓举和双手挺举为竞赛项目。

力量举重

力量举重，又称健力、力量举，是一种借助举起杠铃来锻炼肌肉的运动。它虽然发源自举重，但举起杠铃的方式、杠铃重量及器材都与举重不同。力量训练为各种运动重量训练的基础，作为运动的力量举重因其杠铃重量远远超过举重，故又名"超级举重"。

力量举重运动实力较强的国家和地区有俄罗斯、乌克兰、美国、波兰、印度、日本及中国台湾等。

力量举重分为蹲举、卧推和硬举三个项目

深蹲比赛时，运动员站到深蹲架后面，深蹲架上装好杠铃。从后面抓住杠铃杆，将它放置在斜方肌上，收缩肩胛骨，由肩胛骨、斜方肌、三角肌后束形成"杠铃支撑架"。这种低杠深蹲姿势使杠铃杆更接近运动员的重心，在运动过程中能更有效地利用臀部力量。运动员扛起杠铃后退、下蹲，直到髋关节低于膝关节。比赛时，如果在站起过程中出现任何向下的运动、助手碰到杠铃、运动员下蹲的深度不够、运动员没有仅仅依靠自己的力量将杠铃放回深蹲架等情况都被视为失败。

深蹲比赛的全装备深蹲最高纪录是由以色列运动员、现在定居于美国的弗拉迪斯拉夫·阿尔哈佐夫（Vladislav Alhazov）创造的1250磅。

卧推比赛时，运动员躺在长凳上。在助手的保护和帮助下，从卧推架上取下杠铃，将杠铃下降到胸部，暂停，向上推起，直到两臂伸直，最后将杠铃放回卧推架。比赛中，杠铃向上推起前没有暂停、杠铃杆没有接触胸部或腹部、杠铃上升过程中碰到卧推架、杠铃上升过程中出现任何向下的运动、双脚移动、臀部离开凳面等情况都会被视为失败。

阿尔哈佐夫

全装备卧推的最高纪录是美国运动员瑞恩·肯奈利（Ryan Kennelly）创造的1050磅。

硬举比赛时，杠铃放在地板上。运动员俯身握住杠铃杆，将杠铃向上拉起，直到腿部和背部伸直。接着，在有控制的情况下将杠铃放回地板上（通常由裁判发出指令）。比赛中没有站直、杠铃上升过程中出现任何向下的运动、利用杠铃和大腿的摩擦向上助力、运动员将杠铃扔回地板上等情况都会被判为失败。

全装备硬举的最高纪录是英国运动员安迪·博尔顿（Andy Bolton）创造的1003磅。

和奥林匹克举重相比，健力的杠铃运动距离要短得多，因而其成绩也非常惊人。

这两项运动的流行有地域特征。奥林匹克举重主要流行于东欧和亚洲（俄罗斯、土耳其、伊朗、中国），而健力主要流行于西欧和北美。

然而，力量举的爱好者来自世界各地，俄罗斯、乌克兰、波兰、印度尼西亚、中国台湾都出现过力量举世界冠军和世界纪录创造者。

目前力量举重的世界纪录如下：

全装备深蹲 1250 磅（567 千克）

无装备深蹲 1200 磅（544 千克）

全装备卧推 1050 磅（476 千克）

无装备卧推 715 磅（324 千克）

全装备硬拉 1003 磅（455 千克）

全装备力量举总成绩 2850 磅（1295 千克）

PART 6 竞赛规则

技术规则

比赛程序

（1）在举重竞赛中，采用国际举联承认的两种举式，即抓举和挺举。比赛顺序为先抓举后挺举。

（2）两种举式必须用双手完成。

（3）每种举式允许有三次试举。

参赛者

（1）举重比赛分男子和女子。运动员按各自体重，参加规定级别的比赛。

（2）国际举联承认两个年龄组：青年组（20岁以下，包括20岁）、成年组。

（3）参加奥运会和世锦赛男、女比赛的最低年龄不得低于16岁。参加青年男、女世锦赛的最低年龄不得低于15岁。

（4）运动员年龄以实际周岁计算。

体重级别

（1）青年和成年男子组有八个级别，凡采用国际举联规则进行的比赛均按以下级别和顺序进行：56千克级、62千克级、69千克级、77千克级、85千克级、94千克级、105千克级、105千克以上级。

（2）女子组分七个级别。凡采用国际举联规则进行的比赛均按以下级别和顺序进行：48 千克级、53 千克级、58 千克级、63 千克级、69 千克级、75 千克级、75 千克以上级。

（3）在男子世界和洲际锦标赛及洲际、地区和其他运动会上，每个国家或会员协会均可派一支队伍参赛，由八名运动员及两名替补队员组成。分别参加不同级别比赛，每一级别中不超过两人。

（4）在女子世界和洲际锦标赛及洲际、地区和其他运动会上，每个国家或会员协会可派一支队伍参赛，由七名运动员及两名替补队员组成。分别参加不同级别比赛，每一级别中不超过两人。

（5）在比赛期间，一名运动员只能参加一个级别的比赛。

竞赛动作

抓举

杠铃平行地放在两腿前。两手掌心向下握住杠铃横杠，以一个连续的动作将杠铃从举重台上提起举过头顶并以直臂支撑，两腿可采用下蹲或其他方式。在这个连续动作中，杠铃可沿身体向上滑行。除两脚外身体其他部位不得触及举重台。杠铃举起后，两臂和两腿完全伸直，两脚站在与杠铃和身体平面相平行的一条横线上，全身保持静止和稳定待裁判员发出信号后，将杠铃放回到举重台上。一旦运动员身体呈静止状态，裁判员应立即发出信号。

挺举

（1）提铃至胸。

杠铃平行地放在两腿前。两手掌心向下握住杠铃横杠，以一个连续动作将杠铃从举重台上提至肩部，两腿可采用下蹲或其他方式。杠铃可沿身体向上滑行，提到肩部前不得触及胸部。可将杠铃接放在锁骨、乳头以上的前胸或全屈的两臂上，然后起立，两脚收回站到与杠铃和身体平面相平行的同一条横线上，两腿伸直。全身保持静止。

（2）上挺。

两腿先屈膝预蹲，然后用伸腿、伸臂动作将杠铃举至两臂完全伸直。两脚站在与杠铃和身体平面相平行的同一横线上，全身保持静止稳定，待裁判员发令后将杠铃放回到举重台上。

重要提示：提铃至胸后、上挺前，运动员可调整杠铃位置。但这并不表示可以多次预蹲，只是允许运动员：

（1）如采用锁握技术，可收回拇指改成普通握。

（2）如杠铃位置过高妨碍呼吸或引起疼痛，可降低杠铃落在肩上。

（3）改变握距。

两种举式通则

（1）允许采用"锁握"技术，即握杠时其他手指扣压住拇指的最后一个指关节。

（2）比赛中，运动员提铃后超过膝盖高度，即为一次试举。

（3）当裁判员发令放下杠铃后，运动员必须从身体前面将杠铃放下，不得有意或无意让它掉下。在杠铃降至腰线以下时两手方可松开。

（4）运动员如因肘部生理缺陷不能完全伸直手臂时，应在比赛前向三名裁判员和仲裁委员会报告。

（5）采用下蹲式抓举、挺举或提铃至胸时，运动员可借助身体的弹动起立，次数、时间不限。

（6）禁止运动员在大腿使用润滑脂、油、水、滑石粉或任何类似的润滑剂。到达赛场时腿上不允许有任何东西。对使用润滑剂的运动员，裁判员将令其擦掉。此时，计时继续。

（7）上场后允许在手和大腿等处使用镁粉。

犯规动作和姿势

（1）悬垂提铃。

（2）除两脚外，身体其他部位触及举重台面。

（3）在完成动作时两臂伸展不平均或不完全。

（4）伸展臂部过程中有停顿。

（5）用推举完成动作。

（6）起立时肘部有屈伸。

（7）试举时身体任何部位触及举重台以外的地方。

（8）在裁判员发令前放下杠铃。

（9）在裁判员发令后扔下杠铃。

（10）完成动作时，未能使两脚站在与杠铃和身体平面相平行的同一横线上。

（11）放下杠铃时未能使杠铃整体接触举重台。

抓举犯规动作

（1）提铃过程中有停顿。

（2）横杠触及运动员头部。

提铃至胸犯规动作

（1）杠铃提到肩部前横杠触及胸部。

（2）肘部或上臂触及大腿或膝部。

上挺犯规动作

（1）任何明显用力上挺而未完成的动作，包括下降身体或屈膝。

（2）上挺前任何有意使杠铃颤动及运动员与杠铃未处静止状态。

竞赛通则

报名

（1）比赛期间，任何级别的运动员都可由竞赛秘书长分成若干小组。分组根据运动员以往的成绩及国际举联的最新排名而定。

（2）代表大会上，将委派仲裁委员、裁判员、技术监督和值班医生到不同的级别和小组中。

抽签

（1）代表大会上，每位报名参赛的运动员都要参加抽签。在整个比赛中，运动员都将保留该号码，即使他们升至更高级别时也不例外。号码可由计算机随意抽取确定。

（2）抽签号码决定称量体重和比赛试举顺序。

称量体重

（1）每个级别称量体重均于赛前2小时开始，为时1小时。

（2）称量体重的房间必须配有下列设备：比赛用的正式磅秤，必要的竞赛表格、笔等，秘书处工作人员用的桌椅。

（3）每名运动员须在至少两名指定裁判员及竞赛秘书长面前称体重。本队一名官员可在场。在称量体重时，除国际举联主席和秘书长、医务委员会主席、技术委员会主席以及技术监督员外，其他人员一律不得在现场。

（4）称量时，由中间裁判员掌秤，侧裁判员称重，竞赛秘书长记录，然后共同核实。

（5）所有运动员称量完毕后，才能公布体重表。

（6）运动员按抽签号码顺序逐个叫进称量体重，被叫时不在现场的运动员，应安排到最后称量。

（7）运动员必须向竞赛秘书长出示护照或身份卡。

（8）动员可在同性别裁判员面前裸体或穿内衣裤称量体重。如竞赛秘书长是异性，可在实际称量时适当遮挡。

（9）运动员体重在参赛级别范围内的只称量一次。不足或超重的可多次称量，直至合格或超时为止。

（10）称重时运动员达不到报名参赛级别的体重要求，将被取消比赛资格。

（11）在称量体重时，教练员须在运动员卡片上写明抓举和挺举的第一次试举重量并签名。

（12）称量体重前，由协会或代表队一名官员将本队比赛陪同人员名单交竞赛秘书长。按一名运动员陪同不超过三人、两名运动员不超过四人的比例。由竞赛秘书长签发通行证。只有持通行证的人才被允许进入准备活动区。所有通行证均当级或当组有效。

介绍参赛运动员

（1）每级或每组比赛开始前15分钟，大会将对观众作如下介绍：

根据抽签号码顺序依次介绍本级别或本组的运动员，介绍完毕运动员退场。

介绍竞赛官员：裁判员、技术监督、值班医生、仲裁委员、竞赛秘书长。

（2）介绍上述人员时，应在音乐伴奏下集体上场、集体退场。但在介绍到他们时，仲裁委员和竞赛秘书长留在赛区内各自的岗位上。

竞赛进程

（1）比赛组织者应指定足够数量的官员根据竞赛秘书长的要求协助预报试举重量、安排试举顺序，并在运动员卡上填写每次试举情况。这些官员被称为检录员，资深检录员又被称为检录长。在世锦赛和奥运会上，检录长必须是能讲英语的一级国际裁判员。检录长的职责是向竞赛秘书长的桌上传递信息，或通过对讲机告知竞赛秘书长运动员试举重量或要求。

（2）检录员都让运动员或其教练员在卡片上写明预报的每一次试举重量，然后把卡片送到广播员桌上供比赛时宣布。每一次试举后，检录员让运动员或教练员在卡片上写明下一次试举的重量，并签上名字。当技术条件允许时，检录工作可通过对讲机系统完成（准备活动区和竞赛秘书长的桌上各有一部电话），或通过一部摄像机和两个监视器完成（一个在准备活动区，另一个在竞赛秘书长面前）。

（3）应指定一名或两名广播员，广播大赛信息，提高组织工作效率。广播内容包括：向观众介绍参赛运动员姓名、国籍、杠铃的重量和试举次数，并应提前告知下一位参赛者的名字。广播员助手从检录员处接受预报重量并及时通知广播员。

（4）杠铃重量是逐渐增加的。运动员从最轻的重量开始试举，凡已宣布的重量加上杠铃后，就不得再减轻。故运动员及其教练员必须了解加重的进程，随时准备在加到其预报的重量时进行试举。

（5）杠铃重量只能是2.5千克的倍数。冲击纪录时例外，但必须是500克的倍数。

（6）每次试举成功后，杠铃重量必须至少增加 2.5 千克。

（7）男子比赛可试举的最低重量为 27.5 千克，即横杠 20 千克、卡箍 5 千克，再加上两个各重 1.25 千克的铃片。女子比赛可试举的最低重量为 22.5 千克，即横杠 15 千克、卡箍 5 千克，再加上两个各重 1.25 千克的铃片。

（8）运动员从点名到将杠铃提离举重台有 60 秒钟时间，连续试举有 120 秒钟时间。最后 30 秒钟时发出警铃声。如果时间结束时运动员未能将杠铃从举重台上提起，则三名裁判员判该次试举"失败"。计时从广播员宣布完毕后或从杠铃加重完毕后开始，以较晚结束者为准。

（9）如运动员要求改变试举预报重量，则必须在最后点名前通知检录员。

（10）每次试举，只允许两次更改重量，不包括自动递增的 2.5 千克。每次更改均须在运动员卡片上写明并经教练员或运动员本人签字。运动员听到最后一次点名后，不得再更改杠铃重量。

（11）最后一次由计时器在规定时间之前 30 秒钟时发出。

（12）运动员要求更改重量时，计时钟暂停计时，此时由工作人员更改重量。完毕后，计时继续，直到规定时间结束。如运动员要求更改重量后，由另一名运动员试举，则重新计时。

（13）运动员或教练员做出放弃某次试举或退出比赛的决定，不得改变。

（14）在两名运动员或两个国家间进行的不同级别的国际比赛，运动员可轮流试举。由试举重量轻的运动员先举，并在每一举式保持这一顺序。

（15）由广播员宣布的重量必须立即显示在试举显示板上。

（16）在举重台或舞台上进行比赛时，除仲裁委员会委员、执行裁判员、广播员、技术官员、领队（每个会员协会一人）和参加该级别比赛的运动员外，不允许其他人员进入比赛区域。

点名顺序

（1）点名叫运动员出场取决于四个因素：

杠铃重量。

试举次数。

抽签号码。

重量递增差额，即两次试举间的重量差额。

（2）鉴于上述因素，点名顺序如下：

试举重量较轻的运动员先举。

试举次数少者先举。

如运动员试举重量、试举次数均相同，则按签号进行，签号小者先举。

在第二、三次试举中，如运动员试举重量、次数均相同，与前次相比试举重量递增差额不同，则递增差额高者先举。

点名顺序同时适用于抓举和挺举。

例如：

抓举

挺举

运动员 A：102.5 107.5 1 10.5

运动员 B：100.0 105.0 1 10.5

运动员 C：102.5 107.5 1 10.5

运动员 A：135.0 140.5 142.5

运动员 B：135.0 145.0 145.0

运动员 C：135.0 142.5 145.0

以下是呼叫顺序

抓举：B－A－C，B－A－C，B－A－C

挺举：A－B－C，A－C－A，B－C－B

宣布获胜者

（1）抓举和挺举比赛结束后，宣布获前三名的运动员名单（抓举、挺举和总成绩）。

（2）抓举比赛结束后有 10 分钟间隔供挺举比赛做准备活动。

运动员和各代表队的名次排列

（1）抓举、挺举和总成绩（抓举最好成绩和挺举最好成绩的总和）

中均设立冠军。在所有采用国际举联规则进行的正式比赛中，获三个项目前三名的运动员分别授予金牌、银牌和铜牌。

（2）运动员名次根据他们举起的总成绩排列得出。如果运动员破纪录，而该重量不是 2.5 千克的倍数，则就近就低取，即为 2.5 千克倍数的重量为其计算总成绩。

（3）在世界和洲际锦标赛及地区运动会上（其他国际比赛经参赛国同意可参照执行），各代表队的排名以下列标准将每名运动员的得分相加得出：

第 1 名　28 分

第 2 名　25 分

第 3 名　23 分

第 4 名　22 分

第 5 名　21 分

第 6 名　20 分

第 7 名　19 分

第 8 名　18 分

第 9 名　17 分

第 10 名　16 分

第 11 名　15 分

第 12 名　14 分

第 13 名　13 分

第 14 名　12 分

第 15 名　11 分

第 16 名　10 分

第 17 名　9 分

第 18 名　8 分

第 19 名　7 分

第 20 名　6 分

第 21 名　5 分

第 22 名　4 分

第 23 名　3 分

第 24 名　2 分

第 25 名　1 分

（4）在世锦赛上，计算团体名次时，抓举、挺举及总成绩得分均计算在内。

（5）当成绩相同时，体重较轻的运动员排名在前。

（6）当两名或两名以上运动员成绩相同，且体重相同时，先取得该成绩的运动员排名在前。

（7）团体赛中出现并列时，获第一名数量最多的队排名在前。当两个队获得相同数量的第一名时，则获第二名数量最多的队排名在前，依次类推。

（8）即使抓举得零分，也允许该运动员继续参加挺举比赛。如挺举获得成绩，则可根据名次为本队获得相应的得分，但总成绩不能得分。

（9）抓举获得成功但挺举得零分的运动员，可根据抓举中的名次为本队获得相应的得分。同样，总成绩不能得分。

竞赛官员

仲裁委员会

（1）仲裁委员会的职责是保证比赛按照技术规则的要求进行。

（2）所有仲裁委员会委员都必须是国际一级裁判员。

（3）仲裁委员会的委员必须来自不同国家。

（4）奥运会和世锦赛前将任命两组仲裁委员会。

（5）奥运会和世锦赛上，每组仲裁委员会分别由五名委员组成，其中一人为主席，也可任命替补委员。

（6）比赛过程中，发出首次警告后，仲裁委员会可通过表决一致决定更换有错判行为的裁判员。裁判过程中有时会发生误判，但大多数裁判员的公正态度不应受到怀疑。一旦有误判，允许裁判员对自己的判决作出解释。

（7）观察裁判员在整个比赛中的工作后，仲裁委员会委员填写对裁判员的评价表。比赛结束时由技术监督收回表格，然后由技术委员会和秘书长汇总记录这些评语。

（8）当仲裁委员会一致认为裁判员的判定有误时，仲裁委员会有权撤消这一判定。

（9）当工作人员在加装铃片时出错或广播员广播出错时，仲裁委员会将作出以下决定：

［例1］当加完铃片后杠铃的重量未达到运动员的要求，而运动员试举又获得了成功。此时，运动员可根据自己的意愿承认这次试举有效，也可拒绝接受错误重量。如拒绝，则允许其按原先的要求重量增加一次试举。

［例2］当杠铃的重量未按2.5千克的倍数增加，而该次试举又获得了成功。运动员可将该重量视作减去不足2.5千克倍数后的重量而承认试举有效。

［例3］当杠铃以2.5千克的重量递增，但最后重量超过了运动员的要求，而试举又获得了成功。运动员可根据自己的意愿承认试举有效或拒绝接受。若拒绝，则允许根据原先要求的重量增加一次试举。如发生错误时的试举失败，或者杠铃未以2.5千克的倍数增加重量，则运动员自动获得机会按照原先要求的重量增加一次试举。

［例4］当试举失败是因为杠铃两端的重量加得不均衡，或因为中途更换了杠铃，或举重台设置有误，仲裁委员会可根据运动员或其教练员的要求允许增加一次试举。

［例5］当广播员在宣布试举重量时报错重量，仲裁委员会应按例4中的做法允许运动员增加一次试举。

［例6］比赛中，因运动员没在举重台附近而未能看见其他选手比赛情况，而广播员又在该他上场试举时漏点，则必须减轻杠铃的重量。

（10）仲裁委员会在比赛现场必须处在一个视野清楚、前面无障碍物的位置。替补委员不能坐在仲裁席上。只有在委员中有人需要替补时替补委员才能上场。

（11）仲裁委员在颁奖仪式上必须留在各自的座位上。同时他们还应监督所有裁判员都留在原地。

（12）比赛结束时，仲裁委员会主席与竞赛秘书长一起核实正式的比赛记录并在上面签字。

（13）在仲裁委员会主席与广播员之间必须安装一条直通自动电话线。

竞赛秘书长

（1）所有举重比赛中都设有一名竞赛秘书长，负责整个比赛进行，并与仲裁委员会和技术监督密切合作。

（2）在世锦赛和奥运会上，竞赛秘书长由国际举联秘书长或助理秘书长担任，或由他们指定的一人担任。被指定的人员必须是一名国际一级裁判员。

（3）竞赛秘书长的职责是：

a. 核实运动员名单，必要时根据各参赛协会提供的成绩进行分组。

b. 在代表大会或技术会议上监督抽签。

c. 赛前称量体重时记录运动员的体重。

d. 为运动员和陪同官员签发进入准备活动区的通行证。

e. 比赛时监督试举顺序。

f. 监督比赛中创造的新世界纪录和奥运会纪录的登记情况。

g. 比赛结束时与仲裁委员会主席一起核实正式比赛记录并在上面签字。该文件须由其保留并上交到国际举联秘书处。

技术监督

（1）技术监督员协助竞赛秘书长监督比赛的正常进行，并与指定的裁判员一起完成比赛任务。

（2）在世锦赛和奥运会上，技术监督必须是国际一级裁判员。

（3）在世锦赛上，由技术委员会委派技术监督；奥运会上，则由执委会负责委派，每个级别中两名；其他国际运动会或比赛的技术监督，由国际举联官方代表委派。

（4）技术监督员的职责如下：

a. 参加称量体重，并协助竞赛秘书长核实运动员的身份、登记姓名和体重等。

b. 检查举重台、杠铃、磅秤、电子裁判灯系统、计时钟、准备活动室及其他比赛设施。

c. 检查裁判员着装是否正确。

d. 比赛前将裁判员的国际裁判员证书放在仲裁主席面前，并于赛后负责收回。

e. 赛前检查运动员服装，并可根据规则要求有关人员更正错误。

f. 在比赛过程中，保证只有持证官员可陪同运动员在赛区和活动区内。

g. 保证当运动员比赛时任何人（包括技术监督员本人）不能出现在赛区内（从观众或电视摄像机的角度看）。

h. 保证杠铃和举重台的清洁。

i. 如需要，协助反兴奋剂委员会工作。

j. 比赛结束后，从仲裁委员会主席处收回裁判员考查表，并将它们交回国际举联秘书处。

裁判员

（1）每次比赛中，裁判员的主要任务是集中精力对运动员的比赛动作进行裁判。所有国际裁判员都必须持有由国际举联签发的裁判员证书。

（2）国际裁判员分两个等级

二级：二级裁判员可在国家级锦标赛、国际比赛、地区运动会和洲际锦标赛上执裁。

一级：一级裁判员除可在上述比赛中执裁外，还可担任奥运会和世锦赛的裁判员。同时，他们也可参加国际仲裁委员会的工作。

（3）应国家协会的要求，国际举联为每一届奥运会签发有效裁判员许可证。无有效许可证的裁判员不能在本国以外的地方执裁。

（4）贴在裁判员证书最后一页上的印花即为有效许可证。

（5）国际举联只给持有许可证的裁判员办理注册。

（6）参加奥运会的一级国际裁判员许可证费为 60 美元，二级为 30 美元。

（7）当一个国家协会为一名新注册的二级裁判员申请许可证时，须另交 30 美元的证书费。

（8）办证费须随申请一同寄出。

（9）申领新卡须与许可证一起付费。

（10）新的二级裁判员的注册日即为他们的考试日。

（11）每张裁判员卡上都留有空间，记录本人在国际比赛中的执裁情况。这些记录可由以下人员填写：国际举联主席或秘书长、仲裁委员会主席、竞赛秘书长或本国协会的秘书长。

（12）国际举联秘书长和技术委员会起草一份裁判员名单，供以后挑选裁判员时参考。这份名单中包括那些在重要国际比赛（如世锦赛和奥运会等）中表现突出的裁判员。

（13）在采用国际举联规则的比赛中，每个级别或每组指定三名裁判员（一名中心裁判员和两名边裁）和一名替补裁判员。

（14）比赛前，裁判员必须在技术监督的指导下确保：

所有必要的比赛器材已齐全；

所有运动员已在规定时间内称量了体重，且体重均符合本级别的要求。

（15）比赛前，裁判员应将国际证书放在仲裁主席席前。

（16）在世锦赛和所有国际比赛中，裁判员必须按国际举联规则正确着装，否则不允许上场执裁。

（17）在世锦赛上，所有当值官员必须身着制服：深蓝色上衣、白衬衫、国际举联领带（女性可佩戴领巾）、灰色长裤（女性可穿灰色裙子）、深色短裤或长统袜、黑色鞋，并在上衣胸前口袋上佩戴国际举联裁判员徽章。这些官员代表国际联合会，故只能佩戴国际举联徽章。天气炎热或经仲裁委员会同意后，裁判员可脱去上衣。在奥运会和其他综合性运动会上，必须穿组委会统一制服。

（18）中心裁判员的座位必须在距离举重台前方 6 米处，与台中心保持在同一条直线上。边裁的座位以中心裁判员为中心，分别在其左、右两侧三四米处，呈对角线拉开。

（19）比赛期间，裁判员必须确保：

a. 杠铃的重量与广播员宣布的重量相符；

b. 举重过程中，除运动员外，其他人不得接触杠铃；

c. 只有运动员或加重员可将杠铃移动。教练员不得移动、调整或翻提杠铃。计时员在加重员完成加重前不得开始计时。如运动员将杠铃移至另一处地方而影响裁判员的视线，则相关裁判员可离席至能观察运动员试举动作的位置，然后，应回到原来的位置发信号并作出判定。

d. 创纪录的铃片放在中心裁判员的桌上。

（20）世锦赛、奥运会和重大国际比赛中均采用电子裁判灯系统（见技术规则 3.3 中的具体说明）。但当系统中断或不具备这样的条件时，当运动员试举结束、全身保持静止并且两脚站在一条线上时，中心裁判员发出信号，示意其将杠铃放回举重台上。这一信号应同时能被听到和看到，即中心裁判员说"下！"同时向下挥臂。

（21）裁判员必须通过裁判灯信号表明判定结果。白灯——"成功"；红灯——"失败"。一次试举如亮起 2~3 盏白灯，即为成功；如亮起 2~3 盏红灯，即告失败。

（22）如遇电子裁判灯系统失灵，或比赛不使用该设备，可用小红、白旗代替红、白灯。裁判员通过举起手中相应颜色的旗子表示自己的判定。

（23）在未采用电子裁判灯系统的情况下，如果一名边裁发现运动员试举过程中犯有明显错误，他可举起手臂示意有犯规动作。如另一名边裁或中心裁判员同意他的意见，则中心裁判员立即发令停止该次试举，并示意运动员放下杠铃。

（24）在未委派技术监督的比赛中，裁判员必须行使技术监督职责。

（25）在他们应邀担任执裁工作的比赛期间，裁判员不得接受任何有关本次比赛进程的文件资料，也不得发表任何评论意见。

（26）比赛期间，裁判员不得试图影响其他裁判员的决定。

（27）比赛之后，裁判员必须做到：

a. 如破纪录，在比赛记录单上签署。

b. 从仲裁委员会台上收回已由仲裁主席签名并记录意见的裁判员证书。

c. 颁奖仪式期间留在原座位上。

世界纪录规则

（1）国际举联承认男子八个和女子七个体重级别的成年和青少年抓举、挺举和总成绩世界纪录。

（2）青少年运动员也可打破成年世界纪录，即国际举联只承认纪录而不论运动员的年龄。

（3）只有在国际举联比赛中并在根据国际举联要求实施兴奋剂检查的情况下，新的世界纪录（成年和青少年）才会得到承认，即世锦赛、洲际锦标赛、奥运会、地区运动会和世界杯赛等。成年和青少年世界纪录在成年和青少年世锦赛上具有同等重要的地位。

（4）只有通过兴奋剂检查的运动员其新的世界纪录才会得到承认。

（5）世界纪录产生时必须有三名国际裁判员临场执裁。

（6）登记新纪录须具备下列条件：

a. 只有超过原单项纪录 500 克或总成绩 2.5 千克时新纪录才会有效。

b. 创纪录时所用的杠铃必须经过赛前检查。

c. 三名裁判员必须签署书面报告确认新纪录的诞生，其中包括：试举的有效性、运动员姓名、运动员体重、杠铃重量、创纪录地点、比赛日期和名称，创青少年纪录时，应注明运动员出生年份。

d. 另外，国际举联主席和秘书长必须在此报告上签名。

e. 破世界纪录的运动员必须接受兴奋剂检查。

（7）当运动员要求增加的重量不是 2.5 千克的倍数，并获得成功时，则只承认该重量以下最接近的一个 2.5 千克的倍数重量记入总成绩，而实际举起的重量则被算作是纪录。即纪录是 152.5 千克，运动员试举时要求 153 千克。如试举成功，152.5 千克可进入总成绩，而 153 千克则被算作是新纪录。同样地，如果举起了 157 千克，这将被算是一项新纪录，而 155 千克记入总成绩。试举新纪录重量失败后不影响运动员继续进行试举。

（8）只有正式报名并获参赛资格的运动员可以创纪录试举，单为冲击纪录的其他运动员不得参加破纪录试举。

（9）一旦运动员在单项试举中创下一项新纪录，下一次纪录必须超过它至少 500 克以上。为此，体重稍轻的运动员即便举起相同的重量也不能算作破纪录。

（10）一旦有人创下总成绩新纪录，要打破纪录必须至少超过它 2.5 千克，这样，一位体重稍轻的运动员即便获得了同样的总成绩也不算破纪录。如两名或两名以上运动员总成绩相等，则先创下该成绩者为新纪录创造者，而不考虑运动员的体重。

（11）奥运会上，抓举、挺举和总成绩的纪录必须是 2.5 千克的倍数。抓举和挺举的世界纪录可在规则允许的范围内加装新纪录铃片后创造。

（12）其他运动会上（亚运会、泛美运动会等），抓举、挺举和总成绩的纪录必须是 2.5 千克的倍数。抓举或挺举的洲际、地区或世界纪录可在规则允许的范围内加装新纪录铃片后创造。

（13）在创新纪录时，原则上只有在特殊比赛或更高级别的比赛中，所破纪录的重量在不是 2.5 千克倍数的情况下也可成立并获得批准。

PART 7　技术战术

基本技术

现代举重运动的竞赛动作包括抓举和挺举两项，要取得竞赛的优异成绩，或是在举重练习中能够有效地进行练习，同时保证训练的安全性，不出现运动伤害，与举重技术的正确掌握有密切的关系。

举重竞赛动作的技术，就是运动员最大限度地充分利用内力（运动员自身的体能）和外力（支撑面的反作用力、杠铃弹力和重力），举起最大杠铃重量之技巧。运动员在举起杠铃的各个阶段中，用力是否有效，是由身体各主要关节形成的适宜角度和杠铃所处的相应位置来决定的，这就决定了整个动作过程必须符合生物力学原理，同时也要适合运动员个人特点，只有同时满足了这两项要求，运动员才能以有限的力量举起更大的杠铃重量，才能更接近自己竞技能力的极限。此外，为了参加比赛，技术动作还必须符合规则的要求。因此，用力过程中的实效性、经济性和合理性是衡量举重竞赛动作的客观标准。

呼吸技术

呼吸是生命的前提，是运动的基础，是人体不断获得氧气的生理活动。由于各项体育运动的动作方式各不相同，呼吸的方法也不完全一样。举重运动的呼吸特点是用力前吸气，或用力和吸气同时进行；放下杠铃时或放下杠铃后呼气。运动员在试举大重量时，往往要在吸气后憋气，因为这样可以使躯干固定成必要的姿势，为发力创造条件。由于憋气时胸腔内压增加，能使提铃至胸、承接杠铃和完成各种上举动作后，稳固地支撑杠铃。

抓举时，大多数运动员都是在预备姿势完成后、起动杠铃前的一瞬间或同时进行吸气，在提铃发力、下蹲支撑后的起立前进行第二次呼吸。挺举时，开始提铃时的吸气和抓举一样，但在下蹲起立后、预蹲前必须换气，接着做上挺动作，等上挺完成后、放下杠铃前继续呼吸。在挺举比赛中，有时我们看到有个别运动员在完成动作后出现头晕、站立不稳的现象，这是因为他憋气的时间过长，大脑短时间的缺氧所致。要避免头晕现象，除了掌握上述正确的呼吸方法外，在下蹲接铃时，两肘要翘得及时，并且要用三角肌前沿和胸锁部去承接横杠，以减少杠铃对颈部的压挤。同时还要注意开始提铃的吸气必须适当，不要吸足，吸一半即可，不然也可能引起头晕。在练习举重过程中，如发现有头晕现象，这不要紧，因为这是生理上暂时的不适应，经过一个时期的锻炼，就会很快消除的。

其他长力举重动作的呼吸方法，一般是用力时吸气，还原时呼气。例如，两手弯举，应在两手与前臂向身前弯起、肱二头肌收缩时吸气，两手放下、伸直肘关节时呼气。又如做深膝蹲时，应在屈膝下蹲时呼气，从下蹲中起立时吸气。

握铃技术

举重的两种最主要的比赛姿势——抓举和挺举，虽然在动作上有很多不同的地方，每种姿势都有自己的技术结构，举重规则又对它们提出不同的要求，但是这两种标准姿势，开始都有从地面提拉杠铃的动作。所以，提铃是学习举重技术的重要动作，是举重运动员练习中比重最大的一项，要正确的训练提铃，首先要掌握提铃的握法、握距和站距。

握法

要从地面提起一副杠铃或石担，首先得学会握法，根据举重运动员长期实践的经验，人们发现锁握法效果最好，其次是正常握法（有的人也叫普通握法），再次是空握法（又叫活把握法）。学习提铃时，最好一开始就学习锁握法，尽快掌握锁握法是进行下一步训练的基础，很多人刚学锁握法时，拇指会感到压痛，这是不习惯的缘故，经过短时间的锻炼后就会适应的。

1. 锁握法

掌心朝自己身体的方向，两手虎口置于杠铃横杠的标志上，食指、中指、无名指和小指并扰后从横杠的前沿弯屈过来，扣在横杠后沿弯过来的大拇指上。

2. 正常握法

正常握法与锁握法不同点在于大拇指放在食指和中指的第一关节上。

3. 空握法

大拇指与其他四指一起并扰，从横杠前沿握杠。

随着举重运动技术水平的不断提高，从地面上用空握法提铃，无论在抓举或挺举中都逐渐被淘汰了。因为它在提铃过程中杠铃容易滑落，不易提起大重量。

但在举石担时，空握法却是一种较好的握法。原因是石担的横杠不会转动，横杠又比较粗，如用锁握法或正常握法，大拇指无法扣住横杠，而采用空握法则较为适宜。另外，在做杠铃举重长力的各种上推动作中，有时为了减轻手腕负担，充分发挥肱三头肌的力量，也用空握法。对于偶然手腕扭伤还坚持练习的运动员来说，它可作为一种良好的调节握法。

握距

握距是指提铃时握杠的两手虎口之间的距离。

由于抓举、挺举两种姿势的技术结构不同，每个运动员的身体条件不同，所以握距也不太相同。

一般来说，握距分为三种，即窄握距、中握距、宽握距。这是对每个人自己相对而言。如果把不同运动员的握距互相比较，则又有所差异。譬如，一个重量级运动员的中握距，很可能成为一个最轻量级运动员的宽握距。所以，这里不能笼统地讲握距是多少尺寸，而应在实践中不断摸索，根据运动员的身体结构和习惯，寻找最有利于自己的握距。

1. 窄握距

运动员两手握杠时，两虎口的距离与肩同宽，提铃至胸后，两虎口位于两肩三角肌的中线部位或在中线偏内侧。这种握距适合于过去的推举姿势，现在由于推举的取消，抓、挺举技术的改进，窄握距握杠目前已很少被采用了。只是在力量的训练之中，为了发展三头肌和肘关节韧带的力量才用到它。

2. 中握距

握杠时，两手虎口的距离比肩稍宽，提铃至胸后，两虎口位于三角肌的外侧。一般开始学习挺举提铃的人都采用这种握距，而且现在有很多举重运动员在挺举比赛中用这种握距创造了良好的成绩。

3. 宽握距

握杠时，两虎口的距离要比窄握宽 20～30 厘米，即每边要比窄握时外移 10～15 厘米。肩关节较僵硬的人，在抓举时还可以再放宽一些。宽握除了是抓举必用的握距外，还被用于发展三角肌，背阔肌等力量训练。

站距

站距包括两方面的内容，一是提铃动作预备姿势前，两脚站立的间隔距离；二是提铃动作预备姿势前，两脚站立时小腿前面的胫骨与杠铃横杠的距离。

不论做抓举还是挺举，提铃动作的站距必须得当，否则就会直接影响正确技术动作的发挥和运动成绩的提高。在试举大重量杠铃时，站距不适当，杠铃离身太近或过远，都可能导致整个试举动作的失败。

1. 两脚站立的间隔

两脚站立的间隔取决于身体的高矮、臀部的宽窄，以及举重姿势的不同。身体高大的运动员，重心较高，为了适当扩大支撑面，顺利完成试举，两脚站立的间隔比矮小的运动员宽一些。而同一个运动员在做高姿提铃至胸和高立抓站立时，两脚的间隔总要比他做抓举和挺举时站得宽一些。

一般来说，在做挺举下蹲式提铃或下蹲式抓举时，两脚站立的间隔应与髋关节同宽。这样有利于蹬腿发力，集中力量向上举。过宽的站距会使蹬腿展体时向上举的力量分散，而过窄（两脚并扰）又会使提铃展体发力时身体失去平衡。

2. 小腿胫骨与横杠的距离：过去曾有人笼统地提出小腿胫骨与横杠的距离以 7 厘米左右为宜，但在实际练习过程中，特别是对正在不断成长发育的青少年来说，固定不变的离杠距离是不切合实际的。实践证明，两小腿胫骨离横杠四指左右较为合适。如果杠铃片直径小（如 10 千克或 5 千克的杠铃片），横杠较低，站立时可适当放远至一拳左右。随着杠铃铃片直径的增大，站距必须移近。

用自己手指来测量离杠距离是比较简单和客观的，因为一则测量方便迅速，二则手指是随着机体的成长也在不断增粗，用手指测量，站距自然也会随之调整。在正常情况下，采用三至四指的距离是比较适合的；这时，两脚处于横杠之下，五个脚趾全部超过横杠的垂直线。

一般来说，初学提铃动作时，应把杠铃用木块或体操凳垫到一定的高度来做，否则会使初学者养成离杠距离较远的习惯。

抓举技术

抓举是运动员以快速连续不断的动作将杠铃从举重台上举起至两臂在头上完全伸直，它是举重比赛中第一项竞赛动作。抓举技术如果能掌握得好，一般来讲在比赛时成功率较高，因此对增强比赛的信心和取得比赛的胜利有很大的积极意义。

运动员走到杠铃后面，两脚在横杠中部下面左右对称站好，屈体屈膝用锁握法握住横杠，握距比肩宽；借助伸膝的力量将杠铃提至膝前，接着主要借助伸髋的力量再将杠铃提到大腿上三分之一处，这便是开始提铃阶段；而后以全身（蹬腿、展体、举踵、耸肩、提肘）的力量作用于杠铃，使杠铃加速上升，这个动作叫做发力；只依靠发力的动作，不可能将很重的杠铃直接举到两臂在头上伸直的位置，所以在发力后，必须及时迅速地屈膝下蹲，使身体降到杠铃之下，两臂伸直举起杠铃；

然后由下蹲中直臂持铃起立并站稳，待裁判员发令后，再将杠铃从身体前面放到举重台上。

根据规则规定，运动员可采用任何一种握法、握距和下蹲方法。由于下蹲方式的不同，抓举分为下蹲式抓举和箭步式抓举两种。

抓举

只有最大限度地最快地将杠铃提高和最大限度地使身体重心快速蹲低这一上一下地快速运动，才能将很重的杠铃举过头顶。具体来讲，速度快、时间短、路线长、技巧性强，整个动作复杂是抓举的技术特点。因此，抓举对运动员的各种素质要求很高，在选材和训练中一定要符合抓举的技术特点和要求，训练工作才不致走弯路。

完整的技术动作是由预备姿势、开始姿势、发力、下蹲支撑与起立、放下杠铃五个互相衔接的动作组成，此外，还有呼吸方法。每个动作阶段都有自己的细节和要求，而每个运动员又有个人的实际情况。因此，在学习抓举技术的时候，运动员可根据自身的特点采取比较合理的技术。下面着重介绍每个动作阶段的一般技术规律。

预备姿势

预备姿势在心理和动作两个方面为试举做好准备，使身体各个部位处于有利于开始提铃的姿势，由于抓举是一个快速连续不断的动作，后一个动作阶段是以前一个动作阶段为基础的，因此预备姿势是否正确，关系到整个动作的成功与失败。

在举重中首先应该考虑握横杠的方法和距离。在握法的选择上主要考虑握杠的牢固性，握杠的牢固性由握力的大小、握杠的方法和器械的特点来决定。另外，为了增加握杠的牢固性，可在手上擦些镁粉以增大摩擦力。从握杠的方法来讲，锁握法最好，因为在采用锁握时，食指和中指能够扣紧拇指，在上拉时横杠不容易脱手，因此锁握是最牢固的握法，普通握次之，空握最无力。目前，空握只适用于举石担或横杠较粗的器械。

抓举的握距一般比较宽，从力学观点来看，采用较宽的握距可以缩短杠铃上举的距离，并便于迅速伸臂支撑，下蹲时重心较低，容易维持平衡。

在握距上，抓举应采用宽握距较为优越。这是因为：

（1）宽握距延长了上体运动的路线。两手握距宽，可以增大上体前倾度，上体伸展的幅度也就大。由于上体工作的距离长，大肌肉群（伸髋肌群和躯干伸肌群）的力量可以得到充分发挥。

（2）宽握距相对降低了上举杠铃的高度（约 10～20 厘米），节省了用力，体现了用力的经济性。

（3）宽握距缩短了两臂向上运动的路线，这是由于两臂所处的位置不同而引起的。两手握距愈宽，两臂与横杠之间的内夹角愈小，向上运动的路线愈短。不过，宽握对手的握力与腕关节的柔韧性也提出了更高的要求。另外，宽握距还会增加腰和背部的负担，这对腰背部力量比较差的运动员也是不适合的。因此，在选择握距时要做到因人而异，握距的大小是依据运动员的解剖形态特点和力学原理来决定的。如手臂的长短，肩、肘和腕关节的柔韧性以及各部分力量对比情况等。

两脚间距离以脚外缘为准，约同髋宽，主要使腿部力量在上拉时能得到充分的发挥和集中。两脚过宽在上拉时腿力就会削弱，过于靠拢，在预备姿势时腿部肌肉容易处于紧张状态，也会影响腿部力量的充分发挥。如果运动员的腿力比较大而踝、髋和膝关节的柔韧性又比较差，则两脚的距离可适当加大一些；相反，腿力小而髋、膝和踝关节的柔韧性比较好，将两脚间的距离适当减少也是合理的。

在做预备姿势时，两脚要注意近站，使小腿靠近或贴住横杠，目的是使杠铃和身体共同重心线接近支撑面中心，这样支撑稳固，提铃才好用力。若横杠远离小腿，共同重心的作用线就会超出支撑面移到足尖前面，身体将产生转动力矩，迫使身体重心向前移动，就是能将杠铃勉强提起，因杠铃轨迹向前，易造成杠铃前掉。

运动员走向杠铃后按站距和近站的要求摆好两脚的位置，并用宽握距和锁握法握住横杠，此时两脚尖自然分开，两臂自然下垂牵引杠铃，臀部要低于肩而高于膝。臀位的高低由伸膝、伸髋力量的大小和体型特点来决定，伸髋力量强而躯干短的采用高臀位有利，一是使杠铃重心更加接近支撑面中心，二是使上体前倾角度增大，能充分发挥伸髋肌和躯干伸肌的力量，并能加快提铃的速度。而躯干长、伸膝力量强的人可采用低臀位，由于臀位低，上体前倾角度小，这对缩短阻力臂、减轻腰部的负担和充分发挥伸膝的力量有利。膝部的夹角是由臀部位置的高低来决定的。高臀位膝部的夹角在100度左右，低臀位膝关节的夹角则在90度以下。屈膝向脚尖的方向，有利于腰背肌自然收紧，在提铃时能使内收大腿的肌肉参加工作，另外还可使杠铃重心更接近身体重心。总之，在做预备姿势时头部要正直，眼视前下方，小腿紧贴横杠。

开始提铃

开始提铃的任务是利用伸膝、伸髋的力量给杠铃一定的初速度，向上运动到适宜的高度，为发力创造最有利的条件。按照肌肉用力的顺序和性质可分为三个阶段。第一个阶段，当预备姿势做好后，由伸膝带动下的提臀和升肩使杠铃离开举重台，并基本上沿垂直方向上升到膝前下面，这一阶段完全依靠伸膝的力量来完成，简称伸膝用力阶段。第二阶段是杠铃从膝关节下面再上升到膝关节上面是靠继续伸膝和开始伸髋的力量来完成的，简称膝髋并伸阶段。第三阶段是杠铃从膝关节上面再上升到大腿上三分之一处，即发力之前是靠继续伸髋（向前下送髋）展体和屈膝（膝部回降）来完成，简称伸髋引膝阶段，或称引膝阶段。引膝动作不但起着承前启后的重要作用，而且由于引膝和送髋的结果使杠铃重心和身体重心更加接近，从而减少了阻力臂。尤为重要的是，由于膝部的前引和回屈，使本来已无能为力的股四头肌得到重新拉长，从而为膝关节伸肌参加发力创造了最有利的力学条件。

1. 伸膝阶段

在预备姿势中，整个身体是比较放松的。伸髋肌和伸膝肌都处于被拉长的状态，腰背肌也处于适度的紧张状态。所有这些都为提铃时更好地发挥上述肌群的力量，创造了良好的条件。

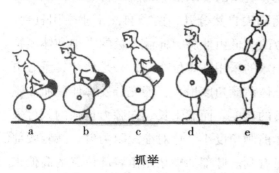

抓举

当预备姿势做好后，就应该调整呼吸，先呼气，然后再吸大半口气，在吸气的同时，开始收紧腰背的伸脊柱肌肉，这样就可使肩胛骨固定，加强提铃时两臂的牵引作用，又可使脊柱固定，从而加强躯干的支撑作用。由于有了这样一个稳固的支撑，伸膝肌、伸髋肌、肩胛肌等在提铃和发力过程中就能发挥出更大的力量来。在上述动作中，吸气和收缩腰背肌在时间上要配合协调，随着腰背肌的收紧，腿部伸肌也就开始用力收缩，臀部上抬，肩部也随着臀部的提起而升高，此时膝关节有了一定程度的伸展，当肩部开始升高时，杠铃就开始离开举重台，由于伸膝肌群不停地继续用力收缩，这时大腿前面的股四头肌和小腿后面的三头肌都是在远侧支撑的情况下进行收缩。因其合力的作用，就使膝关节向后上方运动。此时膝关节的角度增大，但杠铃上升的距离并不长，平均只有 15~20 厘米。

这一阶段中只有伸膝肌群参加工作，而伸髋肌群不参加工作。这是因为，伸直膝关节的力量主要是靠大腿前面的股四头肌收缩，在远侧支撑时，小腿后面的小腿三头肌也参加一定的工作。而伸直髋关节主要是靠大腿后面的股二头肌、半腱肌、半膜肌和臀大肌。两者比较起来伸膝肌的力量比伸髋的力量大。如果在开始提铃的最初阶段，伸髋肌就参加工作，这样身体重心就会向后移，使得伸膝关节时的重力矩增大。因此，股四头肌的负担就很重，提铃的速度也就会减慢，这是不利的。

另外，在预备姿势中，膝关节在横杠的前面，如果开始不是伸膝，杠铃则不能沿垂直方向上升，从这一点来看，也必须先伸膝，只有在伸膝以后，才有可能伸髋。还有一个原因，就是在这时还缺乏用力收缩伸髋肌的良好条件。要想发挥伸髋肌的力量，首先要把它们拉长，而这一点只有在两膝伸直到一定程度时才能做到。如果开始提铃的最初阶段就伸髋，这样就不可能发挥伸髋肌应有的潜力。

由于伸膝动作能使臀部和肩部升高，实际上臀部比肩部升高的幅度大，因而使上体前倾的程度增大，它与杠铃上升的路线轨迹相吻合，结果使杠铃重心和身体支撑面中心接近。开始提铃时，伸膝肌群用力要积极、果断，但不能过猛，因为膝关节的角度处在不利于快速展开的位置。如果用力过猛，杠铃不但不能迅速上升，还会导致腰部因不能承受骤然增加的压力而变形，或因臀部过快抬起而破坏提铃节奏。但缓慢的提铃也是不行的，因为杠铃不能获得必要的初速度。臀部移动的方向主要根据运动员体型特点，躯干长腿短者，臀部除向上运动外，还必须适度向后，否则由于上体长，肩向前伸展的远，因此加大了阻力臂，使提铃更加困难。如果是体型匀称者，臀部移动基本沿垂直方向进行。在这一阶段，臀和肩上升的速度、幅度、路线与运动员体型、素质特点有着密切的关系，一定要做到协调配合，才能获得最佳效果。

由于提铃前杠铃与人体中心线有 5 厘米左右的距离，故开始提铃时，杠铃上升的路线不是完全垂直向上，而是略向后上方，稍微偏向支撑面中心垂线，为了做到这一点，必须直臂向小腿方向内收杠铃。

其次，在开始提铃时，切忌屈臂提铃，由于臀部远比腿部和上体力量小，在这三股力量中，过早的屈臂提铃会抑制腿部和上体力量的发挥，不利于充分发挥大肌肉群的力量。当然，在整个提铃过程中，两臂自始至终都要用力，只不过各阶段用力的性质、程度不同而已，尽管两臂参与用力小，却能赢得速度和时间，而更重要的是控制杠铃运动的正确路线，因而臂部的用力是不能忽视的。在开始提铃时，只要求两臂自然伸直积极牵引杠铃贴近小腿上拉，这时两臂肌肉工作性质属于静力支持性工作。

2. 第二阶段

这一阶段继续利用伸膝力量和开始用伸髋力量使杠铃沿垂直方向上升，由于前一阶段伸膝的结果，杠铃已上升到膝关节前下面，此时伸髋肌已被拉长，另外膝部在前一阶段向后上方运动的结果，此时膝盖基本不再阻碍杠铃沿垂直方向向上运动，因此这时就有可能收缩伸髋肌了，使上体逐渐抬起来。但是，这时杠铃还没有提过膝盖，所以股四头肌还应继续收缩使膝关节伸展。由于第一阶段伸膝的结果，臀上升的速度和距离使肩上升速度和距离要大一些，因此上体前倾角度比预备姿势时更大了，阻力臂加长了，这时伸髋肌的工作条件仍然是比较差的，还不能付出最大的力量来。造成这一阶段杠铃上升的速度和对举重台的压力略有减小。当膝关节伸展到最大程度时就结束了这一阶段的提铃，这就是由于进一步伸膝和开始伸髋使杠铃由膝前下方上升到膝的前上方时的情况，在这一阶段，杠铃上升的距离更短，只有10厘米左右。

臀部在这一阶段的用力仍与第一阶段一样，是完成静力支持性工作。

3. 第三阶段

当杠铃提过膝盖以后就进入与抓举中具有关键意义的发力动作相关的重要阶段，如何为发力创造最有利的条件是这个阶段必须解决的任务，这一阶段的动作特点是：杠铃从膝前上方继续上升到大腿上三分之一处的瞬间，膝角由大变小，再度回屈，而髋关节的角度由小变大，使上体伸展。

由于第二阶段继续伸膝和开始伸髋的结果，使上体前倾程度比第一阶段结束之后有一定程度的减小，但上体的前倾度仍然很大，肩关节和髋关节均离杠铃重心较远，膝关节已不宜再伸直，于是整个杠铃重量完全落在前倾的上体和肩带上，此时有两种动作方式使杠铃继续上升。一是主要依靠继续伸髋的力量使上体抬起，到发力时仍以展体为主完成提拉杠铃动作，此种动作称为单节奏提铃；二是在展体的同时两膝积极回屈完成退让性工作，这个动作就是常说的"引膝"，有引膝动作的提铃方式称为双节奏提铃。由于引膝的结果使髋部下沉（髋部有不同程度的向前下方移动的情况），从而使杠铃紧贴腿部上升至大腿上三分之一处，膝部的前引（平均 10 ~ 15 厘米）使膝关节夹角由大变 小（14 ~ 24 度角），而使髋关节夹角由小变大。引膝虽然是正确提铃节奏中的一个自然动作，但必须积极主动去完成，因为它直接关系到发力的效果。引膝的积极意义在于：

（1）由于引膝，膝关节再次弯曲，这样就使伸膝肌获得短暂的"喘息"机会，因而能使膝关节伸肌在提铃中有利的角度两次被利用，从而在发力时为最大限度动员伸膝肌参加用力创造了最有利的力学条件。

（2）由于引膝使杠铃重心和身体重心更加接近支撑面中心垂线，因而使整个身体处于最有利于快速用力的状态。

（3）由于膝部的前移导致髋部下沉和前移，从而使髋部夹角增大，致使阻力臂减小，为伸髋肌的快速收缩创造了十分有利的条件，使发力的速度加快和更加经济省力。

（4）根据肌肉具有很大弹性力的特点，在引膝时，股四头肌瞬间被拉长，由于牵张反射的作用，能引起肌肉强烈地收缩，在发力时可产生更大的力量。

引膝阶段的长短由握距、体型特点、不同部位力量对比情况和有关关节的柔韧性所决定，因此，要从运动员的实际情况出发，因人而异。

引膝时腰背肌必须收紧，两臂自然伸直牵引杠铃，此时上体和臂部仍属静力性工作，如果腰背部肌肉放松，就破坏了正确的用力结构，对提铃发力是不利的。

第二阶段接引膝以及后来的引膝接发力一定要及时，动作要连贯协调，不然杠铃已获得的惯性力将会大大削弱，直接影响到提铃发力的效果。

总之，引膝结束之后，要使身体各部分都处于快速用力的状态，以便为发力创造最佳条件。

发力

发力是在开始提铃的基础上，引膝动作结束的瞬间进行的，发力的任务是在很短的时间内，充分发挥出肌肉最大的力量来，使杠铃获得向上运动的最大加速度以便上升到必要的高度，为下蹲支撑创造良好的条件。它的用力特点是伸膝肌、伸髋肌、肩带肌肉、屈肘肌群和小腿屈足肌群以爆发性的用力收缩做急剧地蹬腿、伸髋、伸展躯干、耸肩、提肘和提踵动作上拉杠铃。用力顺序是蹬腿和伸髋（引膝后继续伸髋）同时进行，接着伸展躯干耸肩、提肘与提踵，所有这些动作都必须在一瞬间完成，使肌肉用力达到既协调又集中。

这种用力顺序，是以快速蹬腿和伸髋为基础的，只有在快速蹬腿和伸髋带动下才能使整个身体加快向上伸展，从而使杠铃获得最大的向上速度。及时地耸肩提肘和提踵来加力，可使发力强度增大。如果同时用力，耸肩提肘提踵动作则带不动杠铃，蹬腿伸髋力量又受到缓冲，那就会使发力强度减弱。

在抓举发力动作中，必须固定发力点（即开始发力的部位）。抓举发力点一般在杠铃提到大腿上三分之一的部位，也就是在引膝动作结束之后。但是，不同的运动员发力点的高低是不相同的，因为运动员采用的握距和腿、手臂、躯干和长度比例各不相同。然而作为个人来说，发力点则必须固定，因为这是对提铃爆发用力最有利的部位，运动员必须对发力点感到十分准确，不到发力点不发力。

有的运动员在抓举大重量时，由于开始提铃感到很费力，就急于发力，发力过早会使发力的效果削弱，结果不能使杠铃获得最大的速度和必要的上升高度，导致试举失败。

发力是抓举提铃时的关键，而蹬腿和伸髋是发力的核心。引膝结束后及时地快速地蹬腿伸髋是非常重要的，两者之间稍有迟缓就会使动作脱节，从而影响杠铃向上的惯性。及时地快速地充分地蹬腿伸髋不仅能使身体上最强大的肌群在发力中充分发挥作用，还能使髋部接近横杠，使发力后人体和杠铃两个重心位置经过上下转换，仍能接近支撑面中心垂线。

发力时必须保持挺胸直腰的姿势，脊柱固定，使伸膝伸髋的力量能直接作用于杠铃，发力后整个身体完全挺直，上体稍微向后仰，因为杠铃必须通过身体前面向上运动，上体适度后仰既可补偿体前的杠铃重心，又可使整个发力构成强大的向上合力。

发力时的提踵，可增大发力的强度，提高杠铃位置和起下蹲的过渡作用，这一动作必须十分短促，否则会影响下蹲的速度。积极耸肩提肘除增强发力的强度之外，更重要的是控制杠铃贴身运动和对身体起制动作用，使身体在充分伸展后及时转入下蹲。

下蹲支撑与起立

下蹲支撑的任务是在发力后借杠铃惯性上升的机会，使身体迅速向杠下屈膝蹲低以缩短上举杠铃的距离，及时地甩直两臂在头顶上方支撑杠铃，两臂伸直后迅速起立、站稳，这时整个抓举动作就基本完成了。

下蹲的方式有两种，下蹲式与箭步式。起立的方式同样也有两种。

1. 下蹲式支撑与起立

这是借两脚左右分开深屈膝，使身体重心降低的一种下蹲方式。发力结束后，两脚应立即向两侧分开，深屈膝下蹲，必须注意此时两臂的用力并未结束。因为发力时，举踵和耸肩、提肘拉臂的动作是同时进行的，然而两臂的运动路线比脚跟上提的运动路线长得多，用力的时间也持续得久，因此当下肢开始下蹲时，两臂仍然继续在把杠铃用力拉引，杠铃由于受到两臂的拉引和惯性的作用仍在继续上升。这时上体充分伸展，这是为了增大两臂向上的作用力，将杠铃举至头上；同时便于腿和臀部前移至横杠下面，下蹲时两臂上举杠铃是以甩前臂和翻腕动作来完成的。

下蹲过程中，两臂向上用力时，必须注意使肩带和上体迅速前移横杠下面，并屈膝深蹲使身体重心下降。这两个动作必须协调配合，若只注意把上体和肩带移至横杠下面，则下蹲

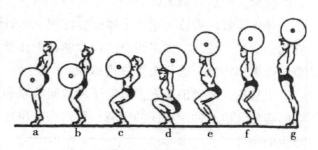

抓举：下蹲式

的动作就可能迟缓，上体还会过分前倾，结果杠铃越出支撑面从前面掉下。反之，如果只注意屈膝下蹲，上体和肩带就不能迅速下降到横杠的

下面，结果形成杠铃在前面，下肢和臀部虽然都移到了横杠的下面，但是上体和肩带都在后面，结果也无法支撑。

在下蹲式支撑时，两脚须向两侧平均对称分开，约与肩同宽，脚尖向外成倒八字形，下蹲结束时，应尽量屈膝深蹲挺胸塌腰，头稍抬，眼视前上方，两臂在头后侧上方伸直支撑住杠铃，两肩要锁紧。

两脚向左右平均对称分开，一是能增大支撑面，二是能充分利用外力（身体的重力和由甩臂引起的制动力）和短暂的腾空使身体重心加速下降，因而使支撑更加快速和稳固。但是两脚分开太大也是不利的，分脚过大会使大腿内收肌被迫拉得过长，因而容易造成两膝向内跪地而失败。

两脚尖向侧分开，可带动大腿向侧分开，这样既能使臀部靠近支撑面中心垂线，使上体正直，有助于挺胸塌腰的动作，使下蹲更加稳固。同时起立时也可以用上一部分大腿内收肌的力量，使起立更容易一些。

同样，分腿太猛太大也都是不利的，两脚尖分得太大会减小前后的平衡区域，因此也不利于支撑。膝盖应尽量弯曲，因为屈膝愈深，蹲得愈低，可使杠铃的行程缩短。但是屈膝的深度必须以保证正确的支撑结构为前提，如果单纯追求屈膝深蹲，而使腰背肌放松，那样就不可能获得稳固的支撑，杠铃就会掉下。

在下蹲过程中，以及在完成下蹲的稳定支撑姿势中，应始终使腰部肌肉收紧，做出挺胸塌腰的动作，这对下蹲支撑的稳定性有很重要的作用。如果腰背肌肉收不紧，上体就会前屈，两臂的支撑就难以稳固，杠铃就会前掉。反之，如果腰背肌肉收紧，上体就能保持伸直，并且使锁肩动作更加牢固，这样支撑就很稳固。

头稍抬，眼视前上方，有助于腰背肌收紧和使上体正直以及挺胸塌腰的姿势，也有助于牢固的锁肩，所以头的位置也是形成稳固支撑必不可少的条件。

当下蹲快结束，两前臂甩直的一瞬间，必须有一个锁肩动作。所谓"锁肩"，就是两前臂在头顶向外翻转甩直，同时使两个肩胛骨向脊柱收紧。这样可使肩带和背部肌肉收紧，防止肩带和两臂移动，还可使尺骨鹰嘴进入肱骨的鹰嘴窝，这样就防止了尺骨的运动。利用骨骼之间的作用，可使肘关节更加固定。当锁肩动作完成后，下蹲就结束了，这时抓举动作已基本完成。

从"下蹲式"下蹲中起立时，起立的任务在于使身体由深蹲直臂持铃状态中平稳地站起，以便最后完成抓举动作。

完成下蹲动作以后，只能说抓举动作基本完成了。如果起立时杠铃掉了，整个动作同样被判为失败。所以不应轻视起立动作。

当下蹲完成以后，应及时利用下蹲的反弹力迅速起立。否则，身体几乎由静止状态开始站起，这种站立方法太费力。由下蹲起立，主要靠伸膝和伸髋动作来完成，上体和臂部起静力支撑作用，为了增强稳固的支撑，上体须挺直，腰背肌收紧，锁肩。起立时，伸膝和伸髋动作协调配合是十分必要的。如果过多伸膝，臀部就会高抬，上体更加前倾，从而使重心前移，杠铃容易从前面掉下。假如已经做出这个动作，则可以迅速向前迈步起立，进行挽救。反之，过多伸髋，会使身体和杠铃的重心后移，也容易失败。假如已经有了这个动作，则一方面可锁紧肩关节，同时迅速抬臀并向后退步，进行挽救。最好是在起立时既伸膝又伸髋，使身体保持正直的起立。起立是腰背伸肌仍要继续收紧，肩要锁紧，头部稍抬，这样就能使杠铃的支撑更加稳固。

2. 箭步式下蹲支撑与起立

下蹲支撑和第二种方式是借两腿前后分开而使身体重心降低去支撑杠铃。由于前后分腿时，后脚经过路线比前脚长，因此一般说来，后脚总比前脚先离地，然后两脚腾空。但是后脚过早离地是不利的，那样会影响发力的效果，而使重心向支撑腿移动。腾空后两腿前后分开，然后着地。这时应使上体急速地降到杠铃下方，肩带和臀部都要向前移。同时前腿要向前用力屈膝。这时两臂要做甩前臂和翻腕的动作，使杠铃后移。这些动作的协调配合，就能使身体进入横杠下面以支撑杠铃。

箭步式下蹲时，也要注意锁肩关节。

分腿时前腿应以前脚掌着地，后脚则以脚趾着地，前腿应尽量向前弯屈，后腿则应尽量蹬直蹬紧（实际上膝关节总是要有些弯屈的）。否则，膝盖就容易跪地。两脚尖应向内转，这样两脚蹬地的用力方向是向中间的，有助于维持身体平衡。两脚前后分开的距离以脚尖为准，前出

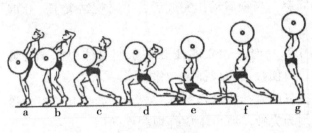

抓举：箭步式

脚约一脚掌，后出脚约二脚半至三脚掌，两脚应同时落地，脚尖内转沿中线两边撑地。上体保持正直，胸部挺出，臀部压近前脚跟才能使身体尽量蹲低。头部保持向前的姿势，这样有助于肩带前移和两臂后摆，对锁肩也有好处。

由箭步式下蹲中起立：起立时，首先将前腿向后蹬直，然后前腿退后半步，后腿向前靠拢成直立状态。在蹬直前腿时，上体和杠铃也应随之后移，否则，杠铃重心就会偏前。

"下蹲式"和"箭步式"下蹲是两种有着很大区别的下蹲方式，一般说下蹲式比较优越。因为下蹲式下蹲时提铃的高度比箭步式低。加之分腿时左右距离相等，能平均发挥和发展两腿的力量。并且能够比用箭步式举起更重的重量，但是两脚前后支撑的距离很短，只有一脚掌之长，因此下蹲式支撑的稳定性比较差，这就要求运动员更加注意提铃和下蹲时动作的准确性和正确性。下蹲式要求有比较强的腿力，要求下肢各关节和肩关节、脊柱有较好的柔韧性。然而，通过系统训练是可以达到这些要求的。所以，一般人都可以学习下蹲式抓举。目前，国内外抓举成绩优秀的运动员一般都是采用下蹲式。

放下杠铃和呼吸方法

起立后，全身直立，两臂伸直。裁判员发出放下的信号后，运动员先屈臂将杠铃逐渐降低至胸前，稍屈膝蹲低，再向下翻腕将杠铃靠近身体放下。放杠铃要求平稳轻放，规则规定放杠铃两手必须伴随杠铃下降，严禁随意扔放杠铃，否则将判为犯规。

一次抓举动作的用力时间很短，而且是一气呵成的，所以是在憋气的状态下进行。在做预备姿势时，运动员做正常呼吸，随即憋气使胸廓固定，然后就在憋气状态下完成整个抓举动作，直至起立站直，才开始换气。

挺举技术

挺举是举重比赛中最后进行的竞赛动作，因此对运动员的意志品质、运动技术和体力提出了更高的要求。另外，从战术上讲，掌握好挺举的技术和努力提高挺举的成绩对取得比赛的最后胜利也具有十分重要的战略意义。由于挺举包括伸膝、伸髋、展体、上挺伸臂和深蹲中起立等动作，能较全面地发展运动员的力量、速度和柔韧性，尤其能使运动员全身的力量得到最大的发展。

挺举是由提铃至胸和上挺两个紧密衔接而结构各异的动作所组成，两个发力动作后，杠铃借惯性上升的行程比抓举的发力后杠铃借惯性上升的行程要短，另外挺举的两步动作都能充分发挥运动员全身的力量，因此挺举比抓举能举起更大的重量。一般来讲，一个发展均衡的运动员的挺举与抓举重量相比较大概是 4∶3。

运动员做好预备姿势后，先用一个连续不断的动作将杠铃从举重台上提起（提铃过程同抓举）并置于胸上，此时可采用任何下蹲方式完成下蹲支撑动作；随即持铃借反弹站起，起立后两脚收回并对称地站在一条横线上；然后两腿弯屈预蹲，随后迅速伸膝伸髋伸臂和屈踝将杠铃从胸上挺起，两腿蹬直后迅速做箭步式（两腿前后分开）分腿下蹲或半蹲式（左右分腿）下蹲，同时将双臂在头上伸直并锁肩支撑，之后直臂持铃起立两脚收回并对称地站稳在一条横线上；待裁判员发令后，从前面放下杠铃。

挺举分两步完成，第一步是提铃至胸，第二步是上挺。

提铃至胸

提铃至胸是挺举的第一步动作，如果提铃至胸不能完成，就无法进行挺举的第二步上挺动作，因此，首先要用全力尽可能轻松和正确地完成提铃至胸，才能为第二步上挺积蓄和创造最有利的条件。根据规则规定，挺举的提铃至胸可采用任何一种。

下蹲方式。提铃至胸的下蹲方式有下蹲式和箭步式两种。

挺举

1. 下蹲式提铃至胸

下蹲式提铃至胸简称下蹲翻，它的主要优点在于发力后能最大限度的降低运动员的身体重心，缩短杠铃的行程，因此比箭步式能提起更重的杠铃。我国老一辈的举重运动员根据自己腿力强和灵活性好的特点，早在二十世纪五十年代后期就已广泛采用下蹲翻提铃，并多次打破挺举世界纪录。目前，十个级别的挺举世界纪录都是采用下蹲翻的技术创造的。下蹲翻的技术比较复杂，动作节奏性强，为了叙述清楚，将下蹲分成预备姿势、开始提铃、发力、下蹲与起立四个部分进行讲解。

（1）预备姿势

两脚在横杠下的位置，腿部、上体和头部的姿势，握杠铃的方法与抓举的预备姿势基本相同，唯握距比抓举窄。挺举的握距一

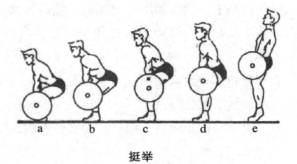

挺举

般采用与肩同宽或比肩稍宽的距离较合适，此种握距的优点在于提铃时两臂与地面基本上成垂直状态（从正面看），分力较小，因此一是有利于提铃和发力；二是有利于积极翻铃和定铃支撑；三是有利于从下蹲中持铃起立；四是有利于上挺用力和上挺支撑。有的运动员由于上肢诸关节的柔韧性较差，采用此种握法会有一定的困难，对此可适当加宽握距

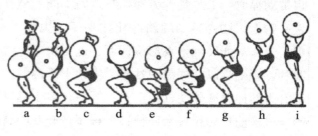

来弥补上肢诸关节柔韧性的不足。实际上由于握距的不同，也会涉及到屈膝屈髋和上体前倾角度的变化，但从整体上来讲，下蹲翻的预备姿势除握距之外均与抓举预备基本相同。

挺举：下蹲式

（2）开始提铃

开始提铃的任务是为发力作好准备，用力方法与抓举相同，按照肌肉用力顺序的先后，可分成三个阶段：当预备姿势做好后，由伸膝带动下的起臀和升肩使杠铃离开举重台并基本沿垂直方向上升到膝部前下面，这一阶段完全依靠伸膝的力量来完成，简称伸膝用力阶段；杠铃从膝关节前下面上升到膝关节上面是靠继续伸膝和开始伸髋的力量来完成，称为膝髋并伸阶段；杠铃由膝上再上升至发力前是靠继续伸髋、展体和屈膝来完成，简称伸髋引膝阶段。引膝不但起着承前启后的重要作用，而且由于引膝和送髋的结果，使杠铃重心和身体重心更加接近，从而减少了阻力臂，更重要的是由于膝部的前引和回屈，使本来已无能为力的股四头肌重新得到了拉长，为小腿伸肌参予发力再次创造了有利条件。由于下蹲翻和握距比抓举窄，预备姿势中髋关节和膝关节弯曲的角度比抓举大，所以上体伸展的路线要比抓举短，另外由于下蹲翻和抓举下蹲支撑时杠铃部位和身体结构的不同，上体伸展的程度也比抓举小。

（3）发力

下蹲翻的发力基本同抓举，发力时必须全力以赴，并在最短的时间内全身爆发出最大的肌肉力量，才能使杠铃获得向上最大的加速度，不然杠铃就难以超越运动员的身体重心（发力前杠铃重心在身体重心之下）和达到必要的高度而使提铃失败，发力是下蹲翻最关键的技术环节，爆发力是发力的核心。

积极主动的引膝提铃为发力创造了最有利的力学条件，发力首先从快速的蹬腿开始，并以此带动伸髋和展体，随后是起踵和耸肩，并以耸肩带动提肘。下蹲翻发力和抓举发力不同的地方是：下蹲翻只将杠铃放置在胸上，杠铃运动的路线比抓举短，因而下蹲翻发力比抓举更需短促，上体只伸展到垂直部位即可，这对快速深蹲和从深蹲中借反弹起立有利，否则难以从深蹲中站起，因此下蹲翻的主要特点是靠快速的蹬腿和有力的伸髋展体使杠铃上升；同时，由于提铃路线短，不需过多的提肘，过多的提肘拉臂会使杠铃行程超过必要的高度，这样下蹲后杠铃回降的距离会增加，结果造成回降时压力的增大，因此增加了从深蹲中持铃借反弹站起的困难；另外由于挺举握距窄，发力时杠铃的位置较抓举低。

（4）下蹲支撑与起立

发力后，杠铃主要靠惯性向上运动，此时运动员应迅速分腿下蹲，将杠铃翻至胸上，并借下蹲的反弹站起。由于杠铃向上惯性运动的行程和时间都比抓举短，再加上杠铃的重量又比抓举大，及时快速的下蹲并反弹起立就显得十分重要，为此下蹲动作应在发力提踵耸肩后瞬时进行。下蹲翻的下肢动作方法与下蹲式抓举的下蹲方法相同，两臂在下蹲开始时以耸肩带动提肘继续向上提铃，当杠铃到达腰部高度时积极屈肘，并以横杠为"轴"两臂向横杠下快速朝前转肘，将杠铃停放在锁骨与两肩上，两肘高抬，上臂接近水平位，腰背肌肉用力收紧，上体挺直，头部抬起，总重心投影落在踝关节前，约在脚掌中部。

有力的耸肩提肘对控制杠铃的路线和加快下蹲速度有积极意义，快而及时的转肘能将杠铃平稳地置于锁骨和两肩上，转肘实际上是以横杠为轴靠身体的积极下蹲而实现的，要防止以肘为轴甩前臂或将肘消极地转向杠下，否则就会出现下蹲迟缓，杠铃离身以致冲击胸部或前掉后倒等现象。此外，积极快速的转肘能避免肘关节触及腿部而造成犯规动作。杠铃要在身体全蹲之前置于锁骨上，这点非常重要，这样一方面能在杠铃翻至锁骨上的一刹那继续下蹲至膝全屈，以缓冲杠铃回降的压力；另一方面能利用这一短促下蹲产生的反弹力持铃起立。如果在身体全蹲后才将杠铃翻至锁骨之上，则往往由于杠铃回降的冲击，给上体的支撑造成很大的困难，也不能借下蹲的反弹站起。此时杠铃的位置应在锁骨与两肩三角肌上，重量由三点分担，如果搁得前了，杠铃重心偏前，会加大阻力臂，增加躯干支撑和两臂固定杠铃的困难，起立时杠铃容易下滑，如果搁得太向里，横杠会压迫气管和颈动脉，时间长了会造成呼吸困难，甚至导致暂时性的头晕。

从深蹲持铃起立到大腿成水平部位时，大腿部位形成的阻力臂最长，是起立中最困难的"极点"时期，为了突破"极点"，应利用肌肉的弹性，使身体迅速反弹经过极点起立，因为肌肉有弹性和伸展性，在改变原状态后会自然产生弹性力恢复原状，所以在快速下蹲至最低程度时，股四头肌、小腿三头肌和臀大肌被拉长后，会产生一定程度的弹性力，使其恢复到原有长度，起立时若能运用上述肌肉的弹性力（全蹲后的反弹力），再加上这些部位肌肉积极收缩所产生的张力使膝髋关节得到较快的伸展，就能较容易地突破"极点"而站起。如果纯依靠下肢伸肌收缩力量起立，不但起立慢，而且体力消耗很大。起立过程中为了使上体保持正直的姿势和防止杠铃位移，一方面需做到两肘高抬、挺胸抬头、腰背肌收紧，另外还要注意伸膝伸髋的协调合用力，如过多的伸膝，势必造成上体前倾和臀部后移，严重时使上体变形，因此给两肩和锁骨以及腰部的支撑增加了困难。当起立到两腿接近伸直时，两脚先后向中间移动站直成上挺的预备姿势。

2. 箭步式提铃至胸

箭步式提铃至胸简称箭步翻。箭步翻是采用前后分腿进行提铃至胸动作的一种方式，在分腿支撑时杠铃和身体重心比下蹲翻的重心高，杠铃走的路线长，因此举的重量轻，对于下肢力量和柔韧性差，而伸髋和屈臂肌力量强的人仍可采用箭步翻，随着举重技术的发展，在竞赛动作中采用箭步翻的人越来越少，但作为辅助练习仍有一定的实用意义。

箭步翻的预备姿势、开始提铃、发力和分腿下蹲的腿部动作均与箭步式抓举基本相同，而分腿下蹲的上肢躯干动作和杠铃放的位置则与下蹲翻的上肢动作相同，所不同的仅是前出腿屈膝较浅，膝盖不超

挺举：箭步式

出脚尖线，屈膝浅，便于小腿伸肌用力，能够支撑较大的重量。

箭步翻的起立动作也和箭步式抓举一样，先蹬直前出腿，同时后出腿用力蹬地，然后前出腿后退半步，后出腿向前靠上，左右脚对称站好成上挺的预备姿势。

上挺

上挺是将置于锁骨上的杠铃通过预蹲和借助于上挺发力使杠铃举过头顶至两臂伸直支撑的动作。上挺是举重竞赛动作中技术最复杂的环节，上挺动作中腿部和臂部共同完成退让性和克制性工作，如果从整个上挺动作来分析，则以上体为中枢和全身各部所完成的静力支撑性的成分在整个上挺动作中占有更加重要的地位。

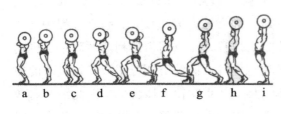

挺举：起立

从预备姿势开始至分腿下蹲后两臂完全伸直时止，杠铃上升的高度一般在 20 厘米左右。前苏联运动员、世界纪录保持者瓦尔达尼扬的上挺高度是 23 厘米，由此充分证明了静力支撑性的用力在上挺中的重要地位，因此在教学和训练中一定要把如何加强稳固有力的支撑解决好，才能为克制性用力创造最佳条件。上挺是由预备姿势、预蹲、上挺发力、下蹲支撑与起立四个阶段组成，实际上预蹲动作中的制动阶段和上挺发力，无论从动作的本身或其用力的目的性都是紧密地联系在一起的，因此阶段的划分只能是相对的。下面仍按四个阶段进行分析。

1. 预备姿势

预备姿势的任务是为预蹲和上挺作好准备。

从下蹲起立后，首先要调整好呼吸和杠铃的位置以及两脚间的距离，两脚外侧的距离应与臀同宽，两脚尖微外分呈倒八字，腿伸直，腰背肌收紧，挺胸微收腹，使上体挺直，抬头收下颌，杠铃和身体重心垂线应通过髋部落在踝关节前面两脚的后三分之一处。两脚间的距离如果过窄，就难以保证上体姿势不变和全脚掌着地做预蹲动作。两脚之间的距离如果过宽，会减弱腿部参与上挺发力，脚尖向外分是为了动员内收大腿的肌肉参加上挺用力，腰背肌收紧和挺胸收腹是为了使上体更好地挺直，目的是使躯干形成一个直立而稳定的结构去支撑杠铃。抬头收下颌，眼视前上方是为了加强腰背肌的紧张程度，使上体更加稳固和挺直，两肘高抬可使杠铃停放在锁骨和两肩三角肌上，目的也是便于上体挺直，另外可提高杠铃的位置，这样，胸部受的压力较少，有利于呼吸，也便于重心后移，但是肘抬得过高，杠铃向颈部压得过深，可能压住颈动脉和气管。有的运动员因上肢诸关节柔韧差或因小臂较长，可采用低肘的方法，肘位低在上挺时能充分利用三角肌参与发力，因此对上挺有利，其缺点是对胸部的压力大，不利于呼吸。

在预备姿势时，为了获得稳定的平衡，应使杠铃重心和身体重心投影处于支撑面上最合理的位置，做到既稳又省力。上挺预备姿势中是以踝关节为支点的下支撑平衡，此时力的相互作用可以有两种情况：

一种是杠铃和身体两者的联合重心投影线径直通过支点（踝关节），此种预备姿势不会形成重心矩，即重力臂等于零，此时杠铃重心垂线与身体重心垂线重合。另一种是杠铃和身体两者的联合重心投影线不通过支点（踝关节），而是在踝关节前面，即两脚的后三分之一处，结果产生了有重力矩的预备姿势，此时必须有相应的肌肉拉力矩与之平衡，如腰背伸肌、大腿后面肌群和小腿肌群等用力收缩形成肌肉拉力矩，才能防止上体前倾或弓背，以确保平衡和稳定。由此可见，杠铃和身体两者的联合重心投影线径直通过支点（踝关节），可以造成最理想最省力的平衡条件。但这种情况是极少见的，因为杠铃是放于胸前锁骨上，所以是很难做到的，多半都要通过肌肉用力来维持平衡。随着杠铃重量的增大，联合重心投影线也会向前移动，这样一来，必然加大重力矩以及与此相适应的拉力矩，才能求得平衡和稳定，其结果增大了静力支撑的难度。为了防止随杠铃重量的增大而引起的重力矩增加的不利因素，当杠铃重量增大时上体和头部适度的后仰是必要的，好比右手提重物时身体自然向左倾斜是同一道理。

如果杠铃和身体联合重心的投影线过多向前，在预蹲时上体会更加前倾，致使杠铃下滑或前掉。因此在上挺预备姿势时应尽可能缩小重力矩，使杠铃和身体的联合投影线尽可能离踝关节近些，从而获得既省力又稳定的上挺预备姿势。

2. 预蹲

预蹲的任务在于给上挺发力创造最佳条件，是上挺动作中最重要的环节，该动作节奏性强，技术复杂，不少运动员往往由于预蹲欠佳而导致上挺失败。

预蹲按其用力的性质可分为加速预蹲和制动预蹲两个阶段。预蹲动作是在上体、头部和臀部保持原有姿势不变和杠铃固定在原来位置上瞬间进行的，动作开始时两膝沿脚尖的方向弯曲，臀部向脚跟方向垂直下沉，身体和杠铃的联合重心垂线在整个预蹲过程中应落在两脚掌的后三分之一处，屈膝的角度和下蹲的速度要适中。

在预蹲过程中控制好杠铃下降的速度，就能充分利用外力（杠铃的弹性及支撑反作用力）和内力（肌肉收缩力）。在预备姿势时，杠铃和身体保持静止状态，对支撑点的压力和其反作用力等于重力（杠铃重量和身体重量之和），由于股四头肌退让拉长和屈膝肌的积极牵引，从开始屈膝预蹲时起，身体和杠铃成加速向下运动。有人主张采用匀速预蹲，实际上匀速预蹲是不存在的。因为匀速不能打破预备姿势的静止状态而形成向下的预蹲动作。

随着预蹲加速度的增大，支撑面受到的压力会逐渐减小，减小的原因，是由于一部分重力消耗在向下的加速度上，消耗的多少与加速度的大小成正比，其结果造成了支撑反作用力小于重力，这就是加速预蹲阶段。

为了准备上挺，首先要制动身体和杠铃的继续下降才能改变向下的预蹲动作为向上的上挺动作，这一动作好比跳跃项目踏跳中的"踏"一样，必须积极主动，协调短促，才能为"跳"积蓄更大的力量（在预蹲之后是上挺发力）。

预蹲速度和对支撑面压力都有一个复杂的变化过程，从制动开始前的加速到加速等于零再到负加速，至最后停止；与速度的变化相对应的是对支撑面压力的变化，支撑反作用力从开始制动前小于重力，并随制动加速度（负加速度）的增加而加大，增大多少与制动加速度的大小成正比，至制动结束时支撑反作用力极大的超过重力，此时由于制动用力（退让性工作）使腿部伸肌，主要是股四头肌得到拉长而作负功，作负功的结果使腿部伸肌的位能增加，至制动结束时增至最大，从而为上挺储备了最大的力量。

从整个预蹲动作的速度和节奏来讲，第一阶段如果太急太快，可能产生两种不利的情况：一是由于杠铃的惰性不能及时随太快的预蹲动作而下降，因而产生杠铃离开锁骨的现象；二是由于第一阶段过快，必然使制动感到吃力。此时胸部和腿部难以承担来自上面的强大的冲力而压"死"。为了避免压"死"，因此制动前必须在最适宜的速度——即每秒0.95米下进行。从预蹲开始采用加速而平稳的预蹲，就不致因过分突然的制动而改变原有的姿势，更重要的是缩短了制动的时间和行程。然而正常的制动是完全必要的，因为制动能提高股四头肌牵张力和横杠的弹性力，从而也就提高了瞬时的上挺力量。

预蹲时要挺直上体，只有这样才能保证重心稳定和发力集中，要作到这一点腰背肌必须收紧完成巨大的静力支撑，以防止来自上下的强大压力造成上体变形。预蹲时屈膝、屈髋和伸踝要协调配合，以屈膝带动屈髋和伸踝，两膝应沿脚尖的方位向下前侧移动，肩和髋部向脚跟方向下沉，只有这样杠铃和身体的联合投影线才能落在脚掌的后三分之一处，以保证垂直预蹲。如果过多地屈髋，必然造成屈膝和伸踝减少，结果使上体前倾，相反则使上体后仰，从而破坏了正确的支撑结构，减弱了上体的支撑能力。由于运动员大小腿长短比例不同，也会涉及到三个角度的微小变化。从实践中知道，优秀运动员预蹲时杠铃重心的前后偏离是很小的，臀部后屈也是不太的，基本上做到了直。

预蹲深度的大小以能快速地制动和有力蹬腿为前提，预蹲过浅不能使参与蹬腿的肌肉得到适度的拉长，由退让性工作产生的位能不能达到最大限度，因而在转入上挺时肌肉瞬时收缩的强度和速度受到了影响；如果预蹲过深则加大了阻力臂，快速的制动和及时有力的蹬腿将受到影响，同时易引起上体前倾。因此预蹲的角度必须适中，才能获得最短的制动路线，杠铃的制动路线越短制动加速度才越大，对上挺才更有利。目前对屈膝的角度一般的看法是100～110度，预蹲的深度一般为身高的 10%，另外还要根据杠铃的重量，运动员的身高、体型、素质发展水平来确定，不能强求一律，要做到因人而异。

3. 上挺发力

上挺发力的任务是在最短的时间内全身爆发出最大的力量，使杠铃获得最大的上升速度并上升到必要的高度。上挺发力为下蹲分腿支撑创造条件。

上挺发力是在制动预蹲结束的瞬间，以快速的伸膝、伸髋、屈踝和伸臂使身体获得一个足够的支撑反作用力，通过躯干和肩臂传至横杠，使杠铃以最大的速度上升至两臂在头上伸直的动作过程。

制动预蹲结束后为上挺发力创造了最理想的条件（包括如何利用内力和外力），此时应立即转入上挺，预蹲和上挺发力衔接得越及时越紧密，就越能充分挖掘参与上挺肌群的爆发力（内力）和充分利用其外力（横杠的弹性力，由重力形成的惯性的作用力和其反作用力）。如发力迟缓或停顿，内力会减弱，外力的作用会消失，因而会极大地削弱上挺发力的强度和效果。

预蹲是在屈膝带动下，由屈膝屈髋和伸踝共同完成的，预蹲的深浅由膝关节夹角的大小所决定，根据测定，预蹲时膝关节的中心下降了预蹲行程的二分之一，因此在上挺发力时也必然是在伸膝带动下进行。另外根据肌电的研究，上挺发力的主要力量来自伸膝和伸髋肌群快速有力的收缩，膝关节夹角在 135 度以下时股四头肌动作电位极为明显，随着膝角的加大（膝关节伸展）股四头肌电位逐渐减弱，而腓肠肌、股二头肌、半腱肌和半膜肌的动作电位却逐渐增加，由此也证明了上挺发力时必须由伸膝带动伸髋。发力时膝呈弧形加速向后上方运动，由于全脚掌固定在地上，迫使躯干向上，并以预蹲时减半的时间和加倍的速度使杠铃沿垂直方向上升至原位，此时杠铃的最大速度可达到每秒 1.75～2米。对支撑面的压力从相当于杠铃重量的 207%（制动和发力间的瞬时临界压力）增加到 230～250%，快速的制动（惯性力方向朝向支撑面）和两脚急速的蹬地是使上体和杠铃获得向上巨大加速度的原因，因为此时惯性力的方向也朝向支撑面。

只依靠伸膝伸髋的力量还不能使杠铃上升到必要的高度，因此由伸膝伸髋带动下的屈踝（起踵）、夹臀和伸臂（三者都是顺势用力）就显得十分重要，顺势用力不但增加向上的力量，而且能够控制杠铃的正确路线，在整个用力过程中，伸膝是向后上方的，而伸髋和屈踝是向前上方的，只有协调配合，才能产生向上的最大力量。两臂用力也必须主动和适时，在发力开始时要适当用力控制好杠铃，发力后积极夹肘向上推杠，这样既能在发力后加强杠铃的惯性运动和两臂作积极支撑，又能对人体起制动作用，以便及时地更快地转入下蹲。

发力时上体应保持垂直，胸廓形状不变，杠铃位置固定，只有这样，上体才能承受住来自上下的强大压力，并通过其稳固的支撑传至横杠，如上体不直，胸廓变形，杠铃滑动，则都会引起联合重心垂线偏前，而降低发力强度和效果。

4. 下蹲支撑与起立

挺举的重量大，单靠上挺发力只能使杠铃上升到额部高度，为了举起杠铃和完成支撑动作，最好的办法就是通过分腿下蹲，降低身体重心，缩短杠铃的行程，使两臂在头上伸直，而后直臂持铃，从下蹲中起立，两脚对称的站稳在一条横线上，待裁判员发令后再放下杠铃。下蹲的方式有箭步式和半蹲式（两脚左右分开下蹲）两种。

（1）箭步式下蹲与起立

发力后，两腿采用前后分开的方式下蹲，称为箭步式。箭步式分腿下蹲应在上挺发力后借杠铃快速上升的瞬间进行，此时由于开始起踵对支撑面的压力已极大地减少，是分腿的最好时机。下蹲分腿过早会影响充分蹬腿发力，结果减少了发力的强度；分腿过迟（杠铃上升的速度不大时）则难以完成支撑动作。及时转入下蹲和快速完成下蹲分腿，就能进一步加大杠铃上升的距离和提高发力的效果，并能顺利地完成支撑动作。

分腿时下肢动作同箭步式下蹲翻铃，由于杠铃所处的位置较高，下蹲不需像翻铃那么深，所以两脚前后分出的距离比较平均，前腿屈膝角约90度左右，小腿垂直，后腿近伸直状态，后脚用力蹬地，上体保持垂直，挺胸收腹，总重心投影落在两腿之间。整个下蹲姿势成为两臂支撑的稳固基础，两脚要在两臂伸直之前撑地，在两臂完全伸直同时完成下蹲。如两臂伸直早于两脚撑地，会引起杠铃下降，使两臂难以支撑。

在下蹲过程中，两臂主动用力有着非常重要的作用，第一能增大杠铃上升的速度和延续杠铃回降的时间；第二由于两臂积极上举，能够促使身体下降得更快，因此也就能提高发力和下蹲分腿的效果。两臂从开始分腿时就要以举肘为主，在举肘的过程中伸臂将杠铃举起；当横杠过头时，两肘上举的同时转向头侧将杠铃向头后上方举起，两臂完全伸直与上体构成一条垂线，锁紧两肩，牢固地支撑住杠铃。两肘上举与侧转必须快而有力，使杠铃运动与下蹲支撑的速度与路线起积极的作用，举肘和伸臂要协调配合，如过早过多地伸臂而举肘不够，则会将杠铃推向头前。

起立时的下肢动作同箭步式翻铃，由于重量大，重心高，起立时要特别注意支撑牢固和重心平稳，所以一定要在两肩锁牢后再收腿起立。如两肩未锁住就急着起立或只顾收腿，那就会使重心不稳，两臂也会产生屈伸现象而导致动作的失败。

头部在下蹲支撑和起立过程中，应始终保持正直，如头部前后摆动，则会因姿势反射的缘故影响身体姿势的支撑和牢固性，导致重心不稳。

（2）半蹲式下蹲与起立

发力后两脚采用向侧分的方法称为半蹲式。分腿时躯干以上的动作和分腿时间与箭步式一样，所不同的是分腿的结构，半蹲式分腿是两腿向侧分开，因此前后距离较小，不利于支撑和平衡，但是半蹲式下蹲完成下肢支撑的时间较短，因此有利上挺。半蹲式下蹲对运动员各种素质的要求更高一些，运动员可根据个人的素质状况来选择适合自己的下蹲支撑方法。

由于重量大，重心高，支撑面小，尤其是前后平衡区特小，为此起立时特别需要将肩肘锁紧，腰背肌收紧，如重心不稳，可移动下肢来调整，两腿伸直后保持静止。

5. 放下杠铃和呼吸方法

完成上挺后放下杠铃的方法是先直臂支撑杠铃，屈膝再伸腿起踵，在提踵的同时屈臂将杠铃放下，当杠铃接触胸锁时再屈膝以缓冲杠铃的压力，随后翻腕将杠铃平稳放回举重台上。

挺举的呼吸方法是在提铃前作一至两次深呼吸，而后正常呼吸，上拉和起立过程中憋气，憋气时吸气量在三分之二至四分之三间，当起立两腿接近伸直时借调整杠铃位置的瞬间作短促的呼吸，然后憋气上挺，直至分腿支撑起立后再自然呼吸。挺举过程中的憋气有利于固定胸廓和提高腰背肌的紧张程度，对形成稳固的支撑有利。

有的运动员在完成挺举过程中，有时出现头晕现象，这是由于憋气前吸气太多或者杠铃位置不当，以及运动员的耐氧能力较差所引起。

技术分析

举重运动的动作不多，但举重的动作技术却有很高的要求，举重技术不仅关系到举重的重量，而且关系到身体不同部位的发力，关系到身体相应部位的配合，因此，不同的技术水平可以达到不同的效果。

举重技术的重要性

在现代的举重比赛中，要取得高水平的成绩，光有强大的肌肉力量还不够，还必须有正确、熟练的动作技术，才能把力量和各种必要的素质发挥出来，产生举起更大重量的效果。可以说，正确的熟练的技术是力量和其他必要素质得以充分发挥的保证。

在举重运动史上，技术动作的每次重大改进和变革，都使运动成绩的提高出现飞跃。

在二十世纪五十年代初，许多运动员的抓举成绩比推举成绩高，运动员的等级标准也规定抓举应当比推举高出 5 千克左右。这是因为当时的推举主要靠两臂力量完成。后来推举大大借助于屈髋肌群的力量和速度大增，在上推发力后髋部前送，身体又迅速向后倾倒，以缩短举杠铃的距离，二十世纪六十年代末七十年代初，在推举被取消前，它已经从原始时基本用两臂力量的动作，变成了技术十分复杂的运用全身力量的动作。这样一来，六十年代推举成绩不仅大大超过抓举，个别重级别运动员的成绩甚至超过挺举。

抓举和挺举提铃至胸从箭步式演变为下蹲式，更是一次技术上的重大突破。由于箭步式下蹲比下蹲式下蹲高出 15～20 厘米，而且由于两腿用力不平均（过早地把支撑重心移到前出腿上），所以发挥同样的力量，提铃的效果大为降低。二十世纪五十年代 67.5 千克级的世界冠军布舒耶夫用蹲得很低、技术完美的箭步式动作，只能抓举 117.5 千克，而二十世纪八十年代初这一级别优秀运动员完全采用下蹲式，他们的抓举成绩都在 150 千克以上，比当年布舒耶夫的挺举成绩还高。二十世纪六十年代初 67.5 千克级世界冠军——波兰的巴扎诺夫斯基，身体素质非常优异，技术极为高超。他的箭步式提铃至胸（165 千克）技术十分完美，但其效果也远不及下蹲式。二十世纪八十年代中期，这一级别的优秀运动员挺举成绩已接近和达到 200 千克，除其他原因外，采用下蹲式提铃至胸技术也是一个重大原因。

熟练地掌握合理的举重技术，对提高运动成绩具有相当的重要性和必要性，可总结为如下几点。

（1）只有技术动作结构合理，节奏正确，才能充分地发挥参与用力的各肌肉群的力量，使力量有效地作用到杠铃上。以提铃为例，如果杠铃运动的轨迹呈直线，说明缺乏引膝的动作，有单节奏提铃的毛病。相反曲线过大，削弱了向上的垂直用力，并且破坏前后平衡，常常导致前掉后掉。

（2）只有熟练地掌握合理的技术，即达到自动化程度，才能更经济省力地完成举重动作，因而在力量相同时就能举起更重的重量。据测定，新手和一级以上的运动员（身高基本相同，为 172～174 厘米），用其各自 85% 的重量做抓举和下蹲翻。新手抓举提铃平均高度为 139.9 ± 4.9 厘米，下蹲翻平均为 131.6 ± 3.5 厘米，一级运动员上述参数分别为 129.8 ± 4.4 厘米和 121.1 ± 4.9 厘米。由此可见，技术熟练的运动员比技术不熟练的运动员提铃高度缩短 10 厘米左右，便可获得成功；因而掌握熟练的技术，做动作经济省力得多，以同样的力量能产生更大的举杠铃效果。

（3）只有技术正确、熟练而稳定，才能提高比赛的可靠性，才能在水平接近的激烈比赛中获胜。这里主要表现出技术因素和心理因素的互相关系。所谓"艺高人胆大"，正是这个道理。如果一个运动员的上挺技术非常熟练而稳定，即使下蹲翻后起立异常困难，他也有信心能够在上挺中成功。相反，上挺技术有严重缺点的运动员，即使下蹲翻后起立相当轻松，上挺也没有成功的把握。技术优良的运动员不仅本人在比赛中充满信心，也使领队、教练员和队友放心。在成绩基本相同的情况下，自然要派这样运动员参加重大比赛，甚至在力量稍差的情况下也敢于派这样的运动员出场。

（4）技术动作正确合理也为在训练中不断提高运动成绩打下基础。新运动员一开始掌握了正确的合理的技术，以后不断巩固和强化，能使运动成绩不断地稳步提高，而一开始形成了错误的技术，便要花很大精力去纠正和克服这种错误。经验表明，有不少身体条件很好的运动员，因技术错误始终不能克服，而未能达到应有的训练水平，最终不得不退出竞技运动。技术优良的运动员还往往能够弥补身体条件的某些不足。

（5）掌握正确合理的技术也是防止运动损伤的重要因素。举重动作技术在其发展过程中不断改进，不断向符合生理学、解剖学、生物力学等要求的方向发展。例如：能引起腰椎严重损伤的推举已被取消，对膝关节和髋关节均有不利影响的箭步式提铃也已被淘汰。现存的技术动作和规则要求虽不是最合理的，但如按其要领做，能显著减少受伤的机率，相反如违反技术要求，则能大大增加受伤的可能性。以提铃动作为例，在提铃中弓腰就能挤压椎间盘内（前）侧，使其劳损和受伤；下蹲翻不及时抬肘，也常使肘触膝造成腕、肘等处受伤；发力后弧线太大，杠铃容易后掉，常是肩、肘等处受伤的原因。

举重技术的难度

从运动学角度观察举重两种举法的动作，可以看到其结构是比较简单的。抓举只用一个连续动作，把杠铃提至两臂在头上伸直；为了降低杠铃上升的高度或缩短杠铃运行距离，两腿做下蹲动作。挺举虽是用两个步骤完成，但动作也并不复杂。抓举和挺举整个技术动作程序是固定的。

但举重动作是举起重量，是在承受重量的情况下完成动作的。在训练中，尤其在比赛中都要举起极限和次极限重量，这就大大增加了举重技术的复杂性和难度。其复杂性和难度可以归纳为以下几点。

（1）身体和杠铃的总重心不断升高，但支撑面有限，产生越来越大的倾覆力矩（翻转力矩），造成稳定重心和支撑杠铃的困难。而且在举杠铃过程中，特别是在举极限重量的过程中，纠正技术错误几乎是不可能的。所以，苏联举重专家沃罗比耶夫说过："在举杠铃过程中有意识地纠正动作往往是不能成功的，相反能显著降低肌肉收缩的力量"。这就要求技术动作必须形成稳定的动力定型和达到自动化程度。

（2）肌肉用力要在极短时间内发出最大力量，这就要求肌肉用力高度协调：不同的肌肉群要在相同或不同的时机用力，肌肉要迅速地收缩和放松。有人认为在挺举中腿部肌肉群要交替用力（收缩—放松）达 11 次之多，肌肉收缩方式（动力性、静力性和退让性用力）不断变化，迅速改变用力性质。

（3）举重训练和比赛所举的重量是不断改变的。这一点不同于其他许多项目所用的器械重量是不变的。在举重训练中，用轻的、中等的、重的、次极限和极限的重量进行练习都是不可少的。举不同重量时肌肉用力的大小和特点不同，因此要求运动员具有灵敏的肌肉感觉和控制能力。

（4）运动员的力量和其他素质水平在不断提高，各部分肌肉力量的对比也在不断变化（尤其是新运动员），技术也要与不断提高和变化的素质水平相适应。这样才能充分发挥运动员的身体潜在能力。

训练理论

当练习者初步掌握了举重运动的基本知识、基本技术、基本技能以及一些力量练习的手段以后，为了进一步提高运动技术水平，就可以转入训练阶段。

训练基本原理

运动训练是指在教练员的指导下，为了不断提高运动员的专项运动技术水平而专门组织的一种教育过程。众所周知，通过训练可以提高运动技术水平，特别是大运动量训练可以迅速提高运动技术水平。

从生理学角度来看，太弱的刺激不能引起机体功能的变化，而过强的刺激则有破坏作用，只有在正常的生理极限范围内，采用较大强度的刺激，机体才能引起强烈而深刻的良性反应，训练从某种意义上说，实质上就是给机体以刺激，大运动量训练就是给机体以强大的刺激，因而机体所引起的反应也强烈而深刻，训练效果也就显著。

运动训练时，运动员机体内能量物质的分解代谢加强，即异化作用占优势；而运动训练后机体内能量物质的合成代谢加强，即同化作用占优势，恢复再生过程加强加深。这时不仅能恢复原有的水平，而且能超过原有的水平，这就是"超量恢复"。因此，机体内能量物质的含量就增加了，机体的机能能力便获得提高，进而使运动技术水平和运动成绩得到提高。但是，这种超量恢复只有在正常生理极限范围内的训练刺激下才可能产生，如果长时间进行过大的运动量训练，超过了运动员所能负担的生理极限，或者是得不到足够能量物质补充和足够的休息调整，则机体的分解代谢就会较长时间地大于合成代谢，从而使细胞、组织和器官遭到破坏性耗损，这样不但不能提高运动成绩，而且还会发生过度训练等运动性疾病，或者是发生运动创伤。所以，训练和恢复是互相联系、互相制约的，对训练必须作全面的理解，必须把训练和营养、恢复联系起来考虑，才能收到良好的效果。训练后必须有疲劳，没有疲劳就无所谓训练；同样训练后必须有能量物质的补充、疲劳的消除和体力的恢复，没有疲劳的消除和体力的恢复，也就没有再训练。

现代训练的显著特点之一是运动量日益加大，与此同时，所表现的另一个显著特点，就是越来越重视恢复手段的运用，以至发展现在已将恢复手段纳入了系统训练的计划，使其成为训练计划中不可分割的有机的一部分。所以，广义的运动训练内容中，就包括恢复训练这一部分。

人是具有高度可塑性的，随着运动训练的延续和加强，机体对某种刺激的反应会日益减少，因此，运动量必须逐渐增加，训练的目的就是要使人体不断地去适应于他所进行的活动。所以，运动员的整个训练过程，实质上就是一个"不适应—适应—再不适应—再适应"的过程。而每一次由不适应到适应的循环过程的完成，也就标志着训练水平又提高了一步。当然，运动量不可能无限制地一味增加下去，因此，就要靠节奏来进行调节，从而使刺激经常保持新异的性质。如果运动训练长时间平平淡淡，运动员非常适应，那就不可能迅速提高运动技术水平，而这正是一些运动员，特别是一些老运动员需要注意防止的一种倾向。

举重训练的任务

举重训练的中心任务就是从身体、技术、心理、战术、恢复、智力和思想等各方面不断提高运动员的训练水平，进而提高运动技术水平，创造优异的成绩。其具体的任务是：

（1）增进运动员的健康，不断提高机体的机能能力，提高承担运动量的能力，发展一般和专项身体素质。

（2）建立正确而完整的技术概念，不断学习、改进和提高举重动作（特别是竞赛动作）的技术，达到纯熟的程度，并能在比赛中运用和发挥。

（3）改善运动员的心理过程，形成个性心理特征，发展举重运动员所必需的心理品质，如不怕苦、不怕累的精神，勇敢顽强、坚毅果断、沉着冷静的意志品质，以及对自己力量的信心等，并培养运动员控制自己心理稳定性的能力。

（4）培养举重比赛中必须的战术意识和各种战术素养，掌握各种战术手段和战术方法，提高战术运用能力。

（5）学习和掌握运动员必须的恢复手段和方法，不断提高机体的恢复能力，努力预防运动性疾病的发生。

（6）学习和掌握举重运动员必须的体育基本理论知识和有关举重的专项运动理论，培养智力能力。

（7）培养运动员勇敢顽强坚定的意志品质，进行体育道德、作风、文明礼貌以及遵纪守法的教育，培养对举重运动的爱好和兴趣。

上述七条具体任务是紧密联系、相互影响、相互促进的，它们分别主要由七方面训练内容来实现，但彼此间又互相影响、互相渗透。在训练中应全面贯彻，不要偏废。但因对象、训练时期和需要的不同，可以有所侧重。然而这些具体任务的实现，却应始终围绕着并服从于一个中心任务，即不断提高举重运动技术水平，创造优异成绩，为国争光。

举重训练原则

训练原则乃是运动训练客观规律的概括和总结。为了更好地完成上述训练任务，必须自觉地、熟练地遵循和贯彻下列几条训练原则：

1. 系统性原则

实践表明一个运动员要达到一定高度的运动技术水平，创造优异的成绩，必须在整个运动生涯里进行多年系统的严格的训练。特别是今天，当各项运动成绩已经达到高水平的时候，多年系统训练就显得更加重要而必不可少了，贯彻这一原则主要有三个方面具体要求。

第一是在整个一二十年的运动生涯中，从儿童、少年、青年到成年，训练应该按阶段有重点地进行安排，即要有规律性。例如，在青少年时期，身体素质发展得比较快，而且各种素质的发展均有着明显的年龄特征，即身体素质发展的敏感期。同时，在青少年时期，条件反射也比较容易形成，因而学动作也较快，那么，在这个时期就应该打好素质基础和技术基础。我们按照客观规律进行系统的训练，就可以收到事半功倍的效果。反之错过了良好的时机，则只能得到事倍功半的结果。

第二是要循序渐进，人的认识规律是由简到繁、由浅入深，由已知到未知；条件反射也是由简单到复杂、由低级到高级地逐步形成；同样，身体素质的发展、机能的改善，都要经过一个逐步提高的过程，只有循序渐进地进行训练，才能收到良好的效果，否则只能欲速则不达，适得其反。

第三是要有连贯性，不能中断，因为中断了训练，条件反射就会消退，机能水平就会下降，三天打鱼两天晒网是绝对攀不了高峰的。所以，系统性是举重训练的重要原则之一。

2. 全面身体训练和专项训练相结合原则

任何运动项目都有其重点发展的身体素质，以及特有的动作技能，同时又总有其薄弱环节和不足之处，它对人体各器官系统机能的影响，以及对身体素质的发展，都有一定的局限性。而机体各个器官系统之间的活动是相互联系、相互制约的。同样各种身体素质之间也是相互影响、相互制约的。因此，从总体来说，全面身体训练可以为专项训练打好基础，可以弥补专项训练的不足，可以起促进作用。但是运动训练的最终目的是提高专项运动技术水平，是在专项运动上攀登高峰，而身体素质乃至某些运动技能之间除了有相互促进的一面以外，也有相互制约的一面，因此，全面身体训练又必须为专项训练服务，要结合专项特点进行，只有把两者很好地结合起来，才能收到良好的效果。一方面非常注意打好全面身体训练的基础，另一方面又越来越注意结合专项特点进行全面身体训练，这就是近些年国内外有关身体训练方面的一些基本经验总结。

3. 周期性原则

整个训练过程中总是循环往复地进行的，即表现为一定的周期性。而每一个循环往复（即周期）并不是简单的重复，后一个周期总是在前一个周期的基础上进行的，如此循环往复，不断提高运动员的训练水平，创造优异的成绩，周期性原则的主要依据是竞技状态形成的客观规律。也就是说，竞技状态不是随便就可以获得的，它是要通过一段时间的系统训练才能出现。其发展过程有三个阶段，即获得阶段，保持阶段和暂时消失阶段。一个训练周期可相应地分为准备期、基本期、竞赛期和休整期四个相互紧密衔接的时期（获得阶段因内容的明显差异可分为两个时期）。而每个时期都有各自的主要任务、内容、运动量的安排、手段和方法。如何划分周期主要应根据运动项目的特点和重大比赛时间的安排。可以一年一个周期（称单周期），也可以一年安排两个周期（称为双周期）。而举重训练的安排一般采用双周期。竞技状态形成的这种周期性规律是客观存在的，我们认识了它，并且根据对象具体情况，在训练的任务内容、运动量、手段和方法等方面，作出科学合理的安排，这样就能保证在重大比赛时，出现高度的竞技状态，创造出优异的运动成绩。每个周期分为准备、基本、竞赛和休整四个时期，而每个时期又具体落实到每周的训练安排上，因此，有的也把周称为"小周期"。

4. 严格要求，从实战出发，坚持科学的大运动量训练原则

这是我国运动训练的一条成功经验。训练工作的各个环节必须严格要求，否则就不可能达到高质量标准，训练效果必然会打很大的折扣。训练必须从实战出发，因为训练是为了比赛，是为了在比赛中出成绩、破纪录、争冠军。必须通过加强实战训练（尤其是心理训练）改变这种状况才行。科学的大运动量训练，可以不断提高人体的机能，促进运动成绩的更快增长，这已为世界各国运动实践所证明。运动量是指人体在身体练习中所能承受的生理负荷量。科学的大运动量则是指在一定范围内接近人体所能承受的最大生理负荷量，运动量太小则对机体刺激不太，有的甚至没有引起运动适应，因而成绩提高缓慢；反之，运动量太大，超过机体所能承受的最大生理负荷量，则将引起破坏性后果，或者过度疲劳，或者造成运动损伤。运动量的大小都是相对的，只能因人、因时、因各种具体条件（主要指营养与恢复）的不同而不同，只能从具体实际出发，绝不能生搬硬套。

5. 区别对待原则

为了发挥运动员的最大潜力，使训练获得成功，训练中必须遵守区别对待原则。因为每个人的年龄、性别、身体发育状况、体型特点、训练水平、文化水平、心理特征、恢复能力等都不一样。训练只有从他们每个人的实际出发，一把钥匙开一把锁，才能收到良好的效果。训练中当然有普遍性，但作为教练员来说，在坚持普遍性的同时，必须努力去了解每个运动员的特殊性，使训练工作更加符合实际。区别对待应该体现到训练的各环节中去。

6. 有效组数与强度训练相结合的原则

这一原则实际上是运动中数量与强度的辩证关系在举重训练中的具体运用。在举重训练中，最高重量的70%以下的强度由于对机体刺激不大，一般只在准备活动或改进技术时采用，往往都不计入运动量。而

作为有效组数训练的强度一般为 80% ~ 90% 的重量，这种强度的重量，每组可做 23 次，重复若干组，这样才能给予机体足够的刺激。根据举重运动的特点，90% 以上的大强度乃至极限强度的训练，无疑具有重要的意义，但是，一方面百分之百的强度不是经常都能举得起，另一方面极限强度每组只能举 1 次，尽管强度大，数量却不够，尽管对神经系统的刺激比较大，而对肌肉的刺激却不够深，所以，经常进行的一般是 85% 左右的有效组数训练，训练水平高的运动员可用 90% 左右的强度进行有效组数训练。应该避免过分贪求大强度的现象，当然强度太小也不符合举重运动的特点。只有把有效组数训练和强度训练很好地结合起来，才能取得良好的训练效果。这正是量变规律在举重训练中的具体动用。

举重训练的内容

为了简述七个方面的训练任务，举重训练的内容应该包括身体训练、技术训练、心理训练、战术训练、恢复训练、智力训练和思想教育七个方面。这七个方面分别从不同的角度、不同的侧面对人体进行训练，对运动员进行定向塑造。它们之间有区别，又有联系，它们互相影响，互相渗透，相辅相成，缺一不可。

要举起很重的杠铃不仅要有足够的力量、速度，以及其他素质的良好发展，而且还要掌握正确熟练的抓举和挺举技术，这是不言而喻的。那种认为只要有力量就行的观点是不全面的。良好的身体素质乃是技术的基础，而身体素质又必须通过正确熟练的技术才能发挥出来。发展身体素质直接关系着技术的提高，而在技术训练的同时，也能进一步促进素质的发展，所以，两者应该有机地结合。但是一般来说，身体训练应该为技术服务，应该根据技术训练的需要而安排。

要提高举重成绩，还必须有足够的信心和决心，要有顽强的意志以及其他的心理品质。特别是在举新重量、破纪录和参加比赛时，这种心理因素的作用就表现得更加明显，所以，还必须进行心理训练。但是，这种心理品质的培养，除了依靠专门组织的心理训练来实现外，还必须渗透到训练的各个方面去，应该贯彻于训练的全过程中。运动员每举一次新重量，每克服一个新的困难，同时也就锻炼了一次思想和意志，给心理上以好的影响。

训练是为了比赛，既要参加比赛，就要想办法战胜对手，就要运用战术。举重运动虽然不象球类运动那样有成套的战术配合，但也必须努力提高运动员的战术素养，使运动员掌握必要的战术手段和战术方法。这些都要通过战术训练来解决。然而战术又以身体素质、技术、心理品质和思想等因素作基础的，否则再好的战术也只能纸上谈兵，无法实现。

训练与恢复是对立的统一。恢复的快就能承受更大的运动量，因此，恢复训练必不可少。然而恢复的内容、手段的选择和运用却又要与训练相适应，两者密不可分。

现代训练的一个显著特点是越来越科学化。各门新的学科、各种新的技术已经被广泛运用到运动训练中来。因此，智力训练必不可少。加强智力训练可以大大提高运动训练的科学性，提高运动员的自觉性。当然智力训练的目的、内容和方法，又是与专项运动紧密结合、不可分割的，否则就变成一般的文化学习了。

人的一切活动都是受思想支配的，思想教育既规定着整个运动训练的方向，又给运动训练以巨大的影响，保证运动训练的有效进行。因此，应该把思想教育作为运动训练的一个重要内容。但是，思想教育绝不是空洞的说教，它应该紧密结合专项特点来进行，应该渗透到运动训练的各个方面，贯彻于全过程中。

训练的七个方面内容有区别，又有联系，但是，它们都是为着同一个目的，围绕着同一个中心，这就是不断提高技术水平，创造优异成绩，攀登举重运动的高峰。这七个方面内容应该根据不同的对象、时期、任务、条件等因素，有机地结合起来进行安排，使整个运动训练成为一个有机的整体，这样才能收到良好的训练效果。

教学训练

举重技术的学习和形成有一个循序渐进的过程，也是初学者掌握举重运动基本知识、基本技术，并不断增强身体健康的过程。

基本训练

由于抓举、挺举两项技术的整体结构复杂，动作难度大，如果一开始就以完整动作来学，对初学者来讲是难以理解和掌握的。为了使初学举重的人迅速掌握举重基本技术，采用正确的学习方法就显得十分重要。根据举重完整技术动作的结构和用力特点，以及由浅入深、由易到难的教学训练原则和实际经验，一般认为先教分解动作、后教完整动作是行之有效的教学方法。这种方法是将标准动作分成几个部分，容易的先教，难的后教，既分步骤，又互相连接。当分解动作熟练掌握以后，再把相邻两个分解动作连起来进行教学。分解教法优点是简化了教学过程，有助于学习和掌握单个动作。但是必须注意标准动作是一个很严密的技术整体，动作各部分是一环扣一环地有机地联系在一起的，前面做不好，就会影响后面技术动作的学习和掌握。因此，教学中一定要使运动员明确完整技术动作的正确概念和用力顺序，严格要求按技术要领去进行练习，以便更好地掌握各部分动作的技术环节，建立良好的动力定型。

在举重学习过程中，根据教学训练的系统性原则和青少年的生理、心理特点，一般应首先进行动作相对比较简单的挺举动作教学，然后再进行动作复杂，准确性、协调性要求高的抓举动作教学。

当然，抓举和挺举的教学内容、方法和顺序，不是一成不变的。可根据教练员的实践、对象、课时、任务，以及具体条件等，进行适当的选择和安排，总之，以打好技术基础为目的。

挺举训练要领

挺举技术动作是由下蹲翻和上挺组成的。下蹲翻的杠铃行程比抓举短，联合重心移动较易掌握，所以挺举教学可先教下蹲翻。教下蹲翻前，又应先教半技术性的高翻。高翻动作的特点是重心高，动作简单，容易掌握，练习者心理负担小，而动作结构和用力性质与标准动作的提铃、发力一致，承接杠铃的技术节奏又和下蹲翻完全一样。因此，高翻在教学的基础阶段是一个很关键的动作，作为运动员一定要学好，做到熟练掌握。

1. 膝上高翻

高翻在学习与训练时，首先要掌握开始提铃，其中包括站距、握距、握法及起举前的预备姿势等。练习者将木棍或轻重量的杠铃提到腹股沟处，并能自动耸肩提踵，然后保持自然别腰挺胸，慢慢地将木棍或轻杠铃放回举重台。

这一动作须反复练习，速度要慢，动作要平稳，要使支撑点落在骶髂处。这样练习的目的，在于使练习者凭借自己肌肉的感觉，体会预备姿势和提铃时身体各关节的角度及杠铃距身体的位置。

在训练高翻动作时，应先练习杠铃放在大腿中部的膝上高翻，这一练习有利于初学者从一开始就学习和掌握标准动作的关键环节——确定发力动作的发力点。膝上高翻包括预备姿势、发力和半蹲屈肘挺胸承接杠铃三个环节。

预备姿势的要领是挺胸别腰头自然，两臂伸直微屈膝，上体前倾翘臀部。

发力的要领是伸髋蹬腿、耸肩提踵。

半蹲屈肘挺胸承接杠铃的要领是上体直，屈肘下蹲快。

练习者根据教练正面和侧面的示范，用木棍做上述动作，由慢速逐渐过渡到快速；最后用垫木支撑杠铃相当于大腿中部高度做膝上高翻，重复做几组，每组 3 到 5 次。注意膝上高翻的关键是髋蹬腿展体，提踵耸肩提肘。

膝上高翻熟练以后，再学习杠铃放到膝下的悬垂提铃高翻练习，反复做几组，注意不弓腰，不到发力点不发力，承接杠铃时要挺胸别腰。

经过一段时间的膝上、悬垂高翻练习，练习者掌握了起举的最初用力、发力和承接杠铃等动作的技术要领以后，就可以进行完整高翻动作的练习。练习高翻时，应注意练习者开始提铃的速度不宜过快；同时注意发力时伸髋蹬腿展体，提踵耸肩提肘及屈膝屈肘挺胸承接杠铃等一系列动作的节奏和协调性。

2. 下蹲翻

练习者初步掌握了高翻的技术要领、用力顺序后，下面即可进行下蹲翻的学习和训练。

练习下蹲翻时，先将杠铃放在大腿中部，做蹬腿耸肩立即深蹲支撑杠铃的膝上下蹲翻动作，注意耸肩转肘要快和上体挺胸别腰。膝上下蹲翻初步掌握后，再屈膝将杠铃慢慢放至膝下做悬垂下蹲翻。最后做完整的下蹲翻。在教学初期阶段，从高翻到下蹲翻，其教学顺序都是先从膝上再到膝下（悬垂），再到地下的由上到下的过程。熟练掌握各个动作环节后，再由下到上，即由开始提铃、发力、下蹲支撑的顺序进行学习和训练。

3. 半挺

下蹲翻掌握以后，开始学习上挺，先学半挺动作。

半挺

通过半挺技术动作的学习，练习者要掌握上挺时的预蹲、上挺发力、发力接下蹲的上下配合、屈膝缓冲两臂支撑杠铃的协调性及杠铃与人体重心移动的一致性。学习时，先学预蹲中的身体姿势：挺胸别腰、两肘抬高、杠铃置于锁骨和三角肌上，反复体会"压三点"的要领。当练习者习惯了胸部承接杠铃后，再练习预蹲发力，其要领是"稳、浅、直"。最后学习发力接下蹲支撑动作，其要领是蹬腿、抬臂、伸肘。同时要强调掌握上挺预备姿势及支撑时伸臂锁肘等动作要领。经过教练员正面、侧面各示范一次，练习者按上述顺序做动作，反复练习，直到初步掌握上下配合、发力明显为止。

4. 挺举支撑接上挺

在掌握了高翻、下蹲翻、半挺等动作后，可学习掌握上挺后分腿支撑及支撑后收腿动作的技术。学习时，先将杠铃放在高支架上，两臂伸直支撑杠铃，用力要集中，两脚站距与肩同宽，分腿时前腿弓，后腿微绷，收紧腰髋。注意杠铃重心，肩与髋关节同在一条垂直线上，并注意分腿支撑杠铃和准备起立收腿时，稳定好人体与杠铃的重心。前腿先收一步，然后收后腿至原站位。重复练习几次。

掌握后，再练习箭步上挺的技术动作。初学者必须将杠铃放在锁骨和两肩上，腹内收，胸廓挺，腰背肌收紧、两肘不宜抬太高（要适中），以稳住杠铃重心。两脚尖稍向外撇，上体保持正直姿势预蹲，预蹲屈膝角度为135度左右，蹬腿发力将杠铃从胸上挺起，两臂及时抬肘向上推杠，并迅速分腿使上体转入横杠之下。前后分腿距离大致相同，两臂伸直锁肘于两耳处。稳定后先收前腿，再收后腿至原站位。然后屈膝将杠铃置于胸上，重复练习几次。此练习用轻杠铃进行。

预蹲应注意杠铃重心和髋、踝关节在一条垂直线上，上挺分腿从侧面看，杠铃重心、肩、肘与髋在一条垂直线上。

5. 完整挺举

通过高翻，下蹲翻、半挺、挺举支撑和箭步上挺的教学练习后，练习者已基本上掌握了完整挺举动作和各个技术环节。此时，可将各主要技术环节连贯起来进行组合练习：膝上高翻接悬垂高翻，悬垂高翻接下蹲翻，高翻接半挺、箭步挺，悬垂下蹲翻接半挺和箭步挺，下蹲翻接箭步挺，使练习者掌握完整的挺举技术动作。学习训练时，应注意技术动作的连贯性和协调性。

抓举训练要领

由于抓举结构复杂，提铃路线长，动作幅度大，因而技术要求高。在安排学习训练时，应像挺举一样把抓举分成几个环节，先从上到下，再由下到上。因此，一般采取先练习高抓中的膝上高抓，作为学习抓举技术的基础教学。

1. 膝上高抓——高抓

先观察教训用木棍或轻杠铃进行的示范，根据开始提铃的预备姿势，分析宽握与窄握用力及支撑的区别，以及提铃时身体姿势和最初用力的关系。

然后，采用宽握将杠铃提至腹股沟处，教学膝上高抓。第一步确定发力点。发力动作是整个抓举技术的关键。因此，教学中应首先把发力点选择好。抓举因握距宽，所以发力点比高翻为高，一般在大腿的中上部位，当杠铃放在大腿中上部位后，上体的前倾度比高翻时大，约45度。其他与高翻相似。教练做完正、侧面的示范后，练习者采用木棍或轻杠铃作固定发力点的身体姿势练习。发力点选择好以后，接着教学发力上拉，发力时的用力节奏与高翻相同，要求运动员掌握伸髋、展体蹬腿、耸肩提肘、提踵爆发性上拉的动作节奏。此后才教学膝上高抓。教学时，应注意发力后耸肩提肘引铃的路线与屈膝上甩前臂支撑杠铃。

掌握了膝上高抓后，再将杠铃放至膝下作悬垂高抓，教法与要领同高翻。最后教学完整高抓，正、侧面各示范一次，练习者反复练习，直至初步掌握为止。

2. 悬垂抓

初步掌握膝上高抓和高抓后，要求练习者屈膝慢慢将杠铃放至离地面10厘米处，悬垂保持挺胸别腰、上体前倾、两臂伸直姿势，利用伸腿力量将杠铃从悬垂部位提起，横杠提至髌骨上缘时迅速将膝关节引入横杠之下。这种引膝技术节奏的好坏，将会直接影响发力技术动作和力量的发挥。引膝结束，立即发力。发力的要领与教学顺序和高翻相同，先作悬垂高抓，后做悬垂下蹲抓。正、侧面各示范一次，练习者反复练习，直到掌握悬垂抓为止。悬垂抓教学的目的是使练习者正确体会和掌握开始提铃时重心的移动、引膝的节奏和发力后引铃路线至支撑杠铃一系列技术上的要求。此后进行悬垂抓连接高抓、膝上高抓和悬垂高抓的教学。

3. 抓举下蹲支撑

练习者掌握了悬垂抓以后，可继续学习抓举下蹲支撑动作。学习抓举支撑的目的，主要是使初学者掌握下蹲支撑杠铃时，身体重心和杠铃重心协调一致，以获得稳固的支撑。下蹲支撑姿势有两种：一种是在深蹲中别紧腰背肌，肩胛内收，锁肩位在前三角肌部位，头部稍向上抬，眼睛向前上看；另一种是在深蹲中腰背肌自然收紧，肩胛内收，锁肩位在三角肌中后之间，头部中正，眼睛平视。练习者可根据个人情况（提铃时别腰与不别腰及肩关节的柔韧程度）进行选择。至于脊椎关节、肩关节柔韧性较差的问题，可随着以后训练上的加强而加以改进。

4. 架上宽握颈后半挺

掌握抓举下蹲支撑动作后，接着练习架上宽握颈后半挺。目的是使练习者体会杠铃惯性上升时，身体快速下蹲支撑杠铃的技术要领。这种既要求练习者蹬腿发力使杠铃充分向上，又要求身体及时下蹲支撑杠铃的练习（开始重量要轻，以学技术动作为主，同时两边加以保护）。

5. 完整抓举

练习者学会了膝上高抓、高抓、悬垂抓和宽握颈后半挺下蹲支撑等动作后，就可以学习完整抓举的技术动作，也就是将已经掌握了的各个技术环节（提铃、引膝、发力上拉与下蹲支撑）连接起来。完整抓举可从下往上进行教学，先教开始提铃，然后引膝、发力，下蹲支撑。由于练习者对分解动作已初步掌握，所以只要教练员示范一、二次以后，练习者即可自己进行练习。为了更好地学习和掌握完整抓举技术，还可以用轻杠铃进行悬垂高抓接悬垂下蹲抓、悬垂抓接抓举等组合练习的教学。教学过程中应注意动作协调性和完整性。

辅助训练

辅助训练是发展专项身体素质、提高标准动作技术和成绩的重要手段。由于辅助训练动作的技术结构相对来说比较简单，容易掌握，而且有助于发展专项力量、速度、协调、柔韧和灵敏等素质，加之许多辅助动作的技术结构、用力性质和标准动作十分相似，改进和提高辅助动作的技术也就能够改进和提高标准动作的技术。因此，广泛采用各种辅助动作进行教学训练，对举重运动员学习和掌握标准动作的基本技术，全面发展专项身体素质，增强体质，促进两项成绩的提高，都有很重要的意义。无论是教练员还是运动员，都应该十分重视举重运动的辅助训练。

在教学过程中，由于一些辅助动作的技术与标准动作的技术有密切关系，所以在选择了任何一种辅助动作作为教学手段后，都必须严格训练，严格要求。特别是辅助动作的身体基本姿势、用力顺序、发力与下蹲的配合、各阶段动作的幅度（如深蹲和上拉时的上体姿势，上拉时从下向上用力的顺序等），在学习与训练的基础阶段都应严格按照正确的技术要领解决好。

辅助训练中的挺胸别腰

挺胸别腰的要领在于往上提胸，自然别腰。关键是"腰"，运动员在这一动作的全过程都要注意腰。因为举重动作，上下用力都是通过腰为支撑来进行的，腰离身体重心距离最近，附着的肌肉也多，有助于固定躯干。所以我们常说腰为"帅"，就是这个道理。

训练方法：

（1）学习站立时身体自然挺直。用两肘夹棍于体后，木棍位于腰部或腰上部位，使肩胛内收，做出挺胸别腰动作（抬头、挺胸、腰收紧）。

（2）学习将木棍或杠铃放在颈后的挺胸别腰动作。做慢速半蹲、深蹲。熟练以后，做慢下快起的半蹲、深蹲。

（3）学习将杠铃放在胸前锁骨和两臂三角肌前"压三点"的挺胸别腰动作。做慢速前半蹲、前蹲。熟练以后做慢下快起的前半蹲和前蹲。

（4）学习将木棍或轻杠铃置于颈后微屈膝半弓身的发力动作。要求向下弓身时挺胸别腰，发力时展体蹬腿提踵。身体向下时要慢，腰收紧，向上时要快，展体充分，不弓腰。

（5）学习和掌握上拉的挺胸别腰动作。上拉时的挺胸别腰和深蹲时基本相似，不过做法上上拉是由挺胸代替提胸，但都要求胸廓固定，腰部自然收紧。由于上拉重量比标准动作上拉为大，所以更要别紧腰部。为了防止弓腰，可将上拉动作分解为几个阶段进行学习：

学习不易弓腰的膝上拉动作，反复练习；

学习由膝上拉下移的悬垂拉动作，反复练习；

学习由悬垂拉下移至地面的上拉至膝高动作；

学习完整的上拉动作。

这就是先由上往下的学习顺序，重复多次以后，再由下往上进行学习和动作的训练。这种由上往下再由下往上的学习训练方法，正是上拉训练的特点，这一动作的总体要求是上体保持良好的挺胸别腰动作。

由于膝下提铃最易弓腰，为防止因弓腰而引起的第五腰椎椎间盘的压力剧增，可采用提铃至膝高的挺胸别腰的静力练习。开始徒手做，然后采用轻的或中等重量的杠铃进行训练。

辅助训练中的发力技术

辅助动作中发力的技术练习对其他练习有着重要的影响，在练习发力技术时：

1. 确定发力点

要求窄拉发力点在大腿中部，宽拉发力点在大腿中上部位。

2. 用力顺序

正确用力顺序应是自下而上通过大肌肉群先用力，小肌肉群后用力，即先蹬腿、展体，立即耸肩拉臂提肘的用力节奏。

可采用的诱导练习有用拉带做悬垂拉，反复做。

容易出现的错误用力顺序是自上而下以小肌肉群先用力，大肌肉群后用力，如拉臂过早并伴随展体、蹬腿的错误用力节奏。

3. 发力诱导练习：

（1）学习固定发力点的发力练习，如垫铃拉，垫铃翻等；

（2）学习如上拉预备姿势带展体纵跳、立定跳远练习，体会自下而上的用力顺序；

（3）学习屈膝弓身带提踵、伸髋的发力练习；

（4）学习用上拉发力动作后抛实心球，要求高度和幅度。但切忌展体过后，以免形成错误的展体动力定型。

抓举的辅助训练

1. 高抓

要领：这项练习与抓举技术相似，但是没有分腿或下蹲动作。做动作时发力点高，因此是一个非常有用的练习，因为抓举技术中经常出现的错误就是发力不完全，

高抓

身体达不到完全伸展的姿势，达不到最有效的试举。

作用：动作结构、用力性质和抓举相似，用力路线较抓举长，下蹲浅，难度小，便于提高抓举的技术和发展抓举的上拉力量（爆发力）。

2. 膝上高抓（垫铃高抓）

膝上高抓

要领：杠铃放在大腿中部或垫到膝上高度，发力点范围在大腿中上部位，发力要领同抓举，只减少了开始提铃部分。

作用：能保持发力前正确的身体姿势和关节的角度，有助于确定发力点和改进发力拉臂过早的毛病，发力后杠铃路线更贴近身体，容易做好发力和下蹲支撑动作。对提高抓举的发力和下蹲支撑技术效果好。

3. 垫人高抓

要领：横杠下面放一块 10 厘米厚的垫木，运动员站在垫木上做高抓动作，要领同高抓。

作用：延长了开始提铃杠铃运动的路线，由于预备姿势屈膝角度大，增加了伸膝幅度，提高了开始提铃的难度。对发展抓举的上拉力量效果较好。

4. 膝上抓举

要领：杠铃放在大腿中部或垫高到大腿中部，开始做膝上高抓，然后做膝上下蹲抓。要求发力集中，下蹲迅速。其他要领同抓举。

作用：主要是提高抓举发力接下蹲支撑的技术，发展抓举的上拉力量（爆发力）。

5. 垫人抓举和窄握抓举

要领：垫人抓举与垫人高抓相似。窄握抓举要领同抓举，由于握距较抓举窄，上拉幅度大，因而要求动作速度快，关节柔韧性、灵活性好。用稍宽于肩的窄握距做下蹲抓（也可从膝上高度开始做），是一项有效的专项柔韧练习。

作用：延长了两臂和杠铃的运动路线，增加了动作难度。对提高下蹲的技术，发展抓举的上拉力量、平衡能力、关节柔韧性效果较好。

6. 悬垂抓举

要领：提铃节奏和高抓相似。练习时将杠铃提至腹股沟处，然后降至膝下部位做引膝接发力的下蹲抓动作，反复做。由于杠铃始终悬垂提起，增加了腰部和下肢的负担。但要注意支撑点在腰髋处。

作用：能提高抓举引膝接发力的技术，发展上拉的力量，特别是对改善抓举引膝接发力的动作有效果，对提铃支点始终保持在骶髂处也有效果。

7. 直腿高抓

要领：开始提铃与高抓相同，杠铃过膝后两腿伸直不参与用力，发力后不做屈膝半蹲，而是充分伸髋展体和积极提肘将杠铃抓起至两臂伸直，反复做（也可从膝上开始做）。

悬垂抓举

作用：杠铃运动路线长，展体提肘幅度大，对发展抓举上拉力量，特别是发展伸髋、伸展躯干、上提肩带和提肘肌群的力量效果较好。

8. 箭步抓举

要领：预备姿势、开始提铃和发力动作基本上和下蹲抓相同，但发力点稍低，展体提肘更为积极，分腿也更快。此外，由于发力后支撑杠铃时身体重心比下蹲抓高，发力幅度增大，因而两臂提肘要积极而且要有力量，以延长杠铃向上运动的路线。发力尚未结束即积极甩臂翻腕下蹲的瞬间，先出后腿，再出前腿（要协调配合好）。前后分腿时，一般以身体站立时为中心点，前脚前出一脚掌，膝部前屈成锐角（髋靠近踝，人体重心前移在杠铃之下），后脚尽量向后延伸，脚前掌蹬地，两脚间垂直距离为20厘米。支撑时胸挺直腰，锁肩。起立时，在伸前腿的同时先收后腿，再收前腿。箭步抓举的优点是支撑时前后稳定性好，成功率高，但与下蹲抓相比，姿势高，身体重心难以蹲低，举的重量小。因此二十世纪七十年代以来，箭步式抓举作为一种比赛技术，已逐渐被淘汰，但是作为训练中一种辅助练习，仍然具有一定价值。

作用：对发展上拉力，增强腰背和两臂的肌肉力量，提高抓举的协调能力等非常有效。

9. 宽拉

要领：和抓举提铃动作相同，它是抓举的主要辅助练习。当杠铃提

宽拉

到大腿中上部位时，全身骤然用力，迅速展体、伸髋、蹬腿、耸肩、提肘和提踵，身体随之半蹲，同时顺势提肘。反复做，并注意上拉高度和速度（尽量提肘高拉至胸部，切忌用胸部去就杠铃）。为提高上拉的最大力量，可用拉带以减少前臂肌肉的紧张程度。

作用：发展抓举上拉力量和速度。

10. 膝上宽拉（垫铃宽拉）

要领：杠铃放在大腿中部（或垫高），两臂伸直牵引杠铃，集中力量做发力和半蹲动作，上拉高度要求同宽拉。由于减少了开始提铃部分，因而容易做出发力前的正确姿势。

作用：它是提高上拉力、抓举发力速度和确定发力点的好方法。

11. 垫人宽拉

要领：与宽拉相似，不同的是运动员站在垫木上做动作。

作用：主要是延长杠铃运动路线，增加动作难度。由于臀部压得较低，杠铃重心落在骶髂处，因而对发展抓举的上拉力量，特别是开始提铃伸腿的力量效果较好（见垫人高抓开始姿势）。

12. 悬垂宽拉

要领：动作结构和用力方法与悬垂抓举相同，是杠铃不落地的宽拉动作（上拉高度要求同上）。

作用：能发展抓举的上拉力量，增强支撑点的肌肉用力感（见悬垂抓举开始姿势）。

13. 提肘拉

要领：与直腿抓提铃发力相似，发力后不做屈膝半蹲，而是充分展体，积极向上提肘将杠铃尽量往上拉。反复做，注意身体不后仰，充分提踵耸肩，以加快杠铃上升的速度和高度。此练习亦可用壶铃做。

作用：对发展抓举上拉力量，特别是对发力后的上拉力量，有良好效果。

14. 宽硬拉

要领：与宽拉提铃相同。因为重量大，速度较慢，所以杠铃过膝后没有发力动作，而是通过伸髋、展体、伸膝将杠铃拉至大腿中部，上体直立。反复做。也可做垫人宽硬拉和悬垂宽硬拉（这种练习少年练习者不做或少做）。

作用：能发展抓举最大上拉力量。因无发力和下蹲协调配合动作，加上强度大，速度慢，故对提高抓举发力速度和上下配合的技术是不利的。因此，宽硬拉要和宽速拉结合运用。

15. 宽拉静力

要领：将杠铃拉起至膝下（或至膝处、大腿中部、腰部），保持静力支撑 68 秒钟，然后放下杠铃，间息 35 分钟。

作用：发展抓举提铃时各阶段的支撑力量。

16. 直腿宽硬拉

要领：同宽硬拉，不同的是直腿开始提铃，自始至终利用伸髋展体力量上拉杠铃至上体伸直。

作用：发展上拉时伸髋肌和腰背肌的最大力量。

17. 俯卧拉

要领：俯卧在长凳上，两臂下垂宽握持铃，用两臂力量将杠铃拉起触及长凳底面，肘积极用力上提。反复做，做时注意不要抬上体。

作用：主要发展阔背肌、三角肌后部、斜方肌、肱二头肌、菱形肌的力量，以利抓举发力后的提肘用力。

18. 抓举支撑蹲和颈后宽挺蹲

要领：抓举支撑蹲时，两臂宽握伸直支撑杠铃，做下蹲与起立动作，反复做。下蹲时支撑点落地腰部，肩带固定，锁肩锁肘，两脚跟与髋同宽，下蹲至最低部位时停 4 秒钟再起立。如果杠铃很重，可将杠铃放在架上或者由其他练习者帮助举起。

颈后宽挺蹲是两手宽握杠铃置颈后，挺胸别腰，稍微屈膝预蹲，蹬腿发力将杠铃挺起，随即迅速屈膝半蹲或深蹲，伸直两臂锁肩支撑住杠铃。

为了避免肩、腰、膝受伤，初练这两个动作时，杠铃的重量要轻些，最好先用举重棍做几次模仿动作，然后再做杠铃练习，并要有保护。

作用：抓举支撑蹲能发展抓举支撑力量、支撑协调性和关节柔韧性，增强抓举支撑的稳定性和肌肉的用力感。

颈后宽挺蹲能提高发力和下蹲上下配合的肌肉协调性和下蹲支撑的力量和踝关节的柔韧性。

19. 颈后宽推和借力宽推

要领：用抓举的宽握距，并以两臂的力量将杠铃从颈后推起至两臂伸直。上推时身体固定，杠铃保持在头顶后上方，杠铃放回颈后时用臂控制，动作要慢。也可以借腿力将杠铃推起至两臂伸直。

作用：主要是发展抓举、两臂、肩带的支撑力量。

挺举的辅助训练

1. 高翻

要领：同挺举的下蹲翻，不同的是半蹲承接杠铃。由于它和抓举、挺举关系密切，因而是举重的最重要的半技术性练习。

作用：主要是发展挺举上拉力量（爆发力），对挺举提铃路线也有帮助。

高翻有膝上高翻、垫铃高翻、垫人高翻和悬垂高翻。膝上高翻、垫铃高翻能解决发力点和杠铃贴身上拉的路线问题；垫人高翻可增加开始提铃的难度和力量，有助于体会提铃支撑点在骶髂处；悬垂高翻有助于体会引膝发力的动作。

2. 下蹲翻

要领：动作结构和要领同挺举提铃至胸完全一样。练习时也可将杠铃提到大腿中部做膝上下蹲翻，或垫铃下蹲翻。

作用：提高挺举的拉力，改善提铃至胸的技术。膝上下蹲翻、垫铃下蹲翻有助于体会发力点在大腿中部和发力与下蹲的上下配合。

3. 直腿翻

要领：与高翻相似，发力后不做屈膝半蹲，而是下肢处于伸直状态，在充分展体、提踵、转肘的瞬间，将杠铃置于锁骨和三角肌上。直腿翻也可以从膝上开始做。

作用：发展挺举的上拉力量，特别是伸髋、展体、上提肩带、提肘肌群的力量。

直腿翻因杠铃运动路线较长，发力后没有下蹲动作，故对改进提铃至胸时上下配合的技术和提高挺举提铃至胸发力的速度不利。因此，直腿翻要和高翻结合运用。

4. 箭步翻

要领：与下蹲翻相似。不同的是提铃过膝后立即耸肩屈肘，迅速以大腿带动小腿做前后分腿动作，将杠铃翻至胸上，置于三角肌及锁骨处。

作用：能发展下蹲翻和上挺时下蹲分腿支撑力量。

5. 架上挺和颈后上挺

要领：动作结构和要领完全同挺举的上挺动作，是挺举主要的半技术性辅助练习。杠铃放在深蹲架上，练习者直接由架上持铃做上挺，也可将杠铃放在颈后做。连续颈后举时应由同伴保护。

作用：架上挺是挺举动作的一部分，因为去掉了下蹲翻，一般比挺举挺得多，对发展上挺力量和提高上挺技术效果较好。颈后架上挺时两臂比较放松，杠铃和身体重心接近，容易发挥伸髋、伸大腿、伸展躯干、伸前臂肌群的力量，有利于做出正确的上挺动作和改进上挺发力时臂部用力过早及上挺发力后上体不能进到横杠下的错误动作。

6. 半挺

要领：预备姿势、预蹲和上挺发力的要领与上挺完全相同，不同的是发力后不做前后分腿，而在原地迅速屈膝半蹲伸直两臂支撑杠铃。做时上体要垂直、挺胸、收腹、别腰。此动作也可放在颈后或架上做。

作用：对改进上挺发力与下蹲支撑的技术配合和增强上挺力量都有较好的效果，是挺举的重要半技术性练习。

7. 窄拉

要领：同宽拉，但采用窄握距。

作用：发展挺举最大上拉力量，提高挺举提铃至胸发力的速度。窄拉强度较大，是挺举提铃的主要辅助动作。

窄拉有膝上窄拉、垫铃窄拉、垫人窄拉和悬垂窄拉等。膝上窄拉、垫铃窄拉可培养固定发力点发力的能力；垫人窄拉能提高开始提铃的难度，延长开始提铃路线，增强开始提铃拉力；悬垂窄拉有助于体会支撑点及引膝接发力动作的技术要领。

8. 窄硬拉

要领：同宽硬拉。因握距窄，故拉的重量比宽硬拉更大。这个动作也可做垫人窄硬拉、悬垂窄硬拉和直腿窄硬拉，要领与垫人宽硬拉和悬垂宽硬拉相同。

作用：发展挺举上拉力量，特别是伸大腿、伸髋和伸展躯干肌群的力量。垫人窄硬拉还有助于提高开始提铃的难度，对于开始提铃有困难的运动员，此练习有很好的效果。悬垂窄硬拉还有助于体会上拉时的支撑点。

9. 不同部位上拉静力

要领：杠铃置于膝下、膝高、大腿中部等位置做静力支撑，做时要求挺胸别腰，支撑点在腰骶部位。

作用：发展挺举提铃时躯干的支撑力量，增加提铃各部位肌肉用力的能力。

10. 前蹲和后蹲

要领：上体保持正直，挺胸抬头腰别紧，肩负杠铃深蹲，两手以肩宽距离握杠，起立时注意臀部后移要小，尽可能沿垂直方向向上移动，尽量不夹腿，否则腰部肌肉容易放松，不利于上体支撑。根据不同训练任务和要求，可采用不同的站距和不同的速度（快速反弹起立，中速和慢速起立）来做。上述动作，由于杠铃置于颈后，所以叫后蹲；杠铃置于胸前（两肩或锁骨上），两手以正常握距握杠，肘部高抬的深蹲叫前蹲。

作用：主要是发展伸膝肌群的力量与躯干的支撑力量。

前蹲和后蹲，两者发展力量的效果不尽相同。前蹲胸部受的压力较大，根据肌电研究证明，对股四头肌的训练效果比后蹲更大，因此能更有效地发展伸膝肌群和躯干伸肌和力量；后蹲除发展股四头肌外，主要是发展股外肌力量，还能发展股二头肌、半腱肌、半膜肌的力量。由于前蹲、后蹲与挺举的关系很密切，因而是挺举的主要辅助练习。又因为它们与抓举的关系也很密切，所以深蹲又是抓举的重要辅助练习。

11. 半蹲、坐蹲、加力半蹲

要领：屈膝下蹲，至大腿呈水平时随即伸直腿起立，其他要领同深蹲。反复做，也可做坐蹲，注意下蹲速度要慢。如果在半蹲时给运动员向下加压力，增加向下的难度，则称为加力半蹲。

作用：发展股外侧肌和股后肌群。半蹲和加力半蹲，主要用于发展下蹲时缓冲制动的力量。青少年采用时，最好在支架上做，如没有支架，要加强保护，同时重量不宜太重。

12. 半蹲静力

要领：胸前（或颈后）持铃屈膝 90 度左右，保持这个姿势不动，或做好半蹲姿势对抗不动物件，静止用力 6 ～ 10 秒钟，注意挺胸别腰。此练习也可根据动作结构的需要，采用不同的屈膝角度来做。

作用：能发展下肢肌肉的最大力量和躯干的支撑力量，并且有助于预蹲发力。

13. 箭步蹲

要领：胸前（或颈后）持铃，前后箭步分腿，作上下起伏（伸膝）动作。

作用：发展挺举时前腿伸膝肌群的力量，同时发展固定下肢和躯干的支撑力量，增进髋、踝关节的柔韧性。

14. 预蹲发力

要领：与上挺预蹲发力动作相同。连续做上挺预蹲和发力动作时，杠铃回降应稍微屈膝缓冲，保持上体垂直、挺胸、收腹、紧腰、抬头的姿势。

作用：由于预蹲发力后不做下蹲支撑和两臂伸直动作，所以采用的重量比挺举重，这对发展上挺力量和躯干支撑力量，提高上挺预蹲发力的技术有较好的效果。

15. 力量推

要领：用高翻将杠铃提到胸部，身体直立，两臂自然靠近体侧，吸气后用两臂力量将杠铃从胸上推起至两臂伸直。反复做，注意杠铃运动路线要靠近面部上升。

力量推还有将杠铃放在颈后的颈后推，坐在凳上的坐推和持各种器械（哑铃、壶铃等）的上推。要领和力量推一样，上体正直不后倒，仅依靠上肢伸肌和肩带肌力量，将杠铃或器械推起。

作用：增强上肢和肩带肌，发展上挺支撑力量。

16. 借力推

要领：同半挺相似，预备姿势和预蹲发力同上挺，但发力后两腿伸直，不做屈膝下蹲，而是臀部继续积极用力将杠铃推至两臂在头顶上方伸直，上推时要求杠铃靠近脸部，保持挺胸，下肢和腰背肌群收紧。这个练习也可放在颈后或架上做。

作用：主要发展上挺支撑力量和提高上挺预蹲发力的技术。

17. 半推

要领：杠铃放在支架上，练习者取力量推姿势站立，杠铃高度与额平，两手握距同肩宽，然后用两臂力量将杠铃向头顶上方推起至两臂伸直。上推时上体不后倒。此练习也可坐着做。

作用：主要发展上肢肩带肌的力量和杠铃过头顶后两臂支撑的力量。

半推

18. 卧推

要领：仰卧在卧推架上，两臂伸直将杠铃推离卧推架，慢慢将杠铃放在胸部；然后挺胸，两臂靠近体侧，两腿蹬地，吸气后用两臂力量将杠铃推至两臂伸直，反复做。如无卧推架，可用

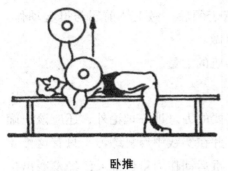

卧推

卧推凳代替，但要有两名同伴在杠铃两端帮助或保护。也可以躺在不同角度的斜板上做动作，训练时应与颈后推举交替安排，以免影响上挺技术动作。

作用：发展上肢和肩带肌力量，如胸大肌、三角肌前部、斜方肌、前锯肌、肱三头肌等。由于做法不同，发展上肢各部分力量也有所不同，宽握推对发展三角肌、胸大肌力量有利，窄握推对发展肱三头肌力量有利，斜板推能发展不同角度的两臂上推力量。

19. 半蹲支撑和箭步支撑

要领：杠铃置于静力架上，两臂伸直作半蹲支撑，或作前后分腿箭步支撑，上下起伏（伸膝），然后支撑静力 6 秒钟，还原成开始姿势。如无静力架，应加保护进行练习。

作用：由于挺举分腿支撑处在前腿屈膝、后腿伸髋的位置中，人体及杠铃重量的压力，使前腿的膝关节伸肌与后腿髋关节屈肌的负担增大。推举取消后，屈髋练习少了，该部位肌群力量薄弱，因此上挺箭步支撑时髋关节前送不足，臀部留在后面。这是影响箭步下蹲正确姿势的一个重要原因。箭步支撑采用的重量很大，速度较慢，肌肉用力的时间较长，这对发展上挺支撑力量，特别是屈伸髋关节的力量，以及平衡能力有较好的效果，对发展上肢肩带肌，躯干肌等支撑最大重量的能力也有帮助。

20. 仰卧起坐

要领：仰卧在山羊（凳上、斜板上或垫）上，上体处于水平或较低位置，固定伸直的下肢，然后用腹肌和髂腰肌收缩的力量抬上体，反复做。此动作亦可以两手在颈后持重物进行练习。

作用：主要发展腹肌和髂腰肌的力量，对上挺箭步支撑固定躯干有帮助。

21. 山羊挺身

要领：俯卧在山羊（或鞍马）上，以下腹部和髋部贴紧山羊，两脚固定在两肋木中间，两手持铃固定于颈后，做上体前屈与挺起动作。前屈时慢些，挺起要快而充分，反复做。

作用：主要发展躯干和髋关节伸肌的力量。

各部的力量训练

发展力量素质，除了必须掌握必要的力量训练理论外，还应该正确掌握发展有关肌群力量的技术动作，并在实践中反复练习。只有这样才能迅速促进力量水平的提高。目前举重运动在力量训练上已经发展出包括臂部、肩部、背部、胸部、腹部、腿部和全身部位的 1000 多个技术动作。同时，力量训练又可以采用徒手（单人、双人）练习、器械（如杠铃、哑铃、壶铃、肋木、实心球、沙袋、沙背心、栏架、组合练习器、拉力器等）练习、组合练习等多种形式。本书根据身体的不同部位，主要介绍力量训练过程中经常采用的 105 个技术动作。

一、臂部力量训练

臂部力量训练主要目的为增强臂部肌群的协调与力量。

1. 上臂力量训练

（1）窄握距卧推

要领：仰卧在卧推架上，窄握杠铃（握距不超 30 厘米），两臂伸直，举杠铃于胸前并下放至胸部，同时两肘外展，把杠铃推起时尽量使用肱三头肌力量，并反复练习。

作用：主要发展肱三头肌外侧头以及胸大肌、三角肌力量。

（2）仰卧颈后臂屈伸

要领：仰卧，头伸出练习凳端数厘米，两手分开 30 厘米，反握杠铃，举在胸前，然后屈肘把杠铃慢慢放下，降至练习凳端，再伸肘把杠铃举回胸前，反复进行。此练习法也可用哑铃进行。

作用：主要发展肱三头肌力量。

（3）颈后臂屈伸

要领：身体直立，两臂上举反握杠铃（也可正握，但反握比正握效果好），握距同肩宽，做颈后臂屈伸动作。做时两臂固定在头的两侧，两肘向上，上体不动，尽量后屈。也可用哑铃、杠铃片等重物进行练习。

作用：主要发展肱三头肌力量。

（4）颈后伸臂

要领：一腿在后直立，一腿在前。两手各握拉力器一端置颈后，两肘外展，两臂用力前伸使两臂伸直。整个动作过程中，保持头朝下姿势，并反复练习。

作用：主要发展肱三头肌上部和外侧部力量。

（5）弯举

要领：身体直立，反握杠铃，握距同肩宽，屈前臂将杠铃举至胸前。可坐着练习，也可用哑铃等器械练习，还可在综合练习器上进行手持杠铃或哑铃的练习。此外，也可采用仰卧弯举、肘固定弯举、斜板哑铃弯举进行练习。

作用：主要发展肱二头肌、肱肌、肱桡肌等力量。

（6）窄握距引体向上

要领：两手间隔不超过10厘米，掌心朝下，屈腕成钩，钩住单杠。从悬挂姿势开始，向上拉起至下颌过横杠。然后两肘关节保持在较高位置，以肘关节为轴心，上臂慢慢放下10～15厘米，然后再向上拉起，直至颈部触及横杠。整个动作要缓慢、有节奏、反复进行。

作用：主要发展肱二头肌、肱肌、胸大肌和背阔肌力量。

（7）双臂屈伸

要领：不负重或脚上挂重物，捆上沙护腿、穿上沙衣等，在间距较窄的双杠上做双臂屈伸。练习时身体成反弓形，两肘紧靠身体两侧。向下屈臂时要充分，还原后重新开始。

作用：主要发展肱三头肌、胸大肌、背阔肌力量。

（8）仰卧撑

要领：仰卧，两臂伸直撑在约50厘米高的台上或肋木上，屈臂，背部贴近高台（或肋木），然后快速推起至两臂伸直，连续做10～15次。也可将双脚抬高加大难度或负重物练习。

作用：主要发展肱三头肌、三角肌、背阔肌力量。

2. 前臂力量训练

前臂力量训练主要采用少组数（3~5组），多次数（16次以上），组与组之间间歇很短的练习方法。训练时应不断提高负荷（强度），用大负荷量（大强度）给予前臂充分刺激，从而使前臂力量迅速、充分地发展起来。

（1）腕屈伸

要领：身体直立，两手反握或正握杠铃做腕屈伸，前臂固定在膝上或凳子上，腕屈伸至最高点，稍停顿，再还原。也可坐着练习，用哑铃或杠铃片做交替腕屈伸。也可采用斜板腕屈伸练习。

作用：主要发展手腕和前臂屈手肌群和伸手肌群力量。

（2）旋腕练习

要领：身体直立，两臂前平举，反握或正握横杠，用屈腕和伸腕力量卷起重物，反复练习。

作用：主要发展前臂屈手肌群和伸手肌群力量。

（3）斜板正握弯举

要领：两手与肩同宽正握杠铃，把肘关节放在一块斜度约40度的木板上缘。掌心向下，慢慢将杠铃举起、放下。举起时，尽量把杠铃举至颈部。

作用：主要发展深层屈指肌力量。

二、肩部力量训练

肩部力量训练主要是指肩部肌群，特别是锁骨末端的三角肌的力量训练。肩部三角肌有三束肌肉，分为前部、侧部、后部，合起来围绕肩部形成一个圆球。每一束肌肉必须采用专门的动作，单个练习，才能使整个三角肌全面发展。另外，在发展三角肌力量时，做一些发展斜方肌的力量练习，以更有效地发展肩部力量。下面介绍具体的技术动作。

1. 胸前推举

要领：两手持铃将杠铃翻起至胸部，然后立刻上推过头顶，再屈臂将杠铃放下置胸部，再上推过头顶，反复练习。也可用哑铃或壶铃练习。

作用：主要发展三角肌侧前部肌肉，以及斜方肌、前锯肌、肱三头肌力量。

2. 颈后推举

要领：身体直立，挺胸别腰，握距同肩宽，将杠铃高翻至颈后，然后将杠铃从颈后推起至两臂完全伸直，反复练习。练习时可坐着进行，也可采用宽握距或窄握距进行练习。

作用：基本同胸前推举。

3. 翻铃坐推

要领：两手正握杠铃于体前下胸

胸前推举

部，两臂上举杠铃稍高于头，然后被动用力将杠铃下放于颈后，再将杠铃从颈后推起，过头顶后，然后被动用力将杠铃慢慢降至体前下胸部，同开始姿势，反复练习。也可采用多种握距进行练习。

颈后推举

作用：主要发展三角肌群和斜方肌力量。

4. 两臂前上举

要领：两手正握杠铃，与肩同宽。向上提起杠铃至头顶高。上举时肘关节外展，杠铃始终保持在距脸部30厘米处。用稳定节奏反复练习。

作用：主要发展三角肌侧部力量。

5. 直臂前上举

要领：两脚自然分开，身体直立，两臂下垂同肩宽持铃，直臂向上举起杠铃。也可用哑铃或杠铃片进行练习，还可做仰卧直臂上举。

作用：主要发展三角肌前部、斜方肌、前锯肌、胸大肌力量。

6. 持铃侧上举

要领：两脚分开，自然站立，两手持哑铃（或杠铃片）置于肩部，上举过头后，两臂慢慢展开，掌心向下成侧平举。然后还原成开始姿势，重新开始练习。

作用：主要发展三角肌前侧部及斜方肌、前锯肌力量。

7. 直臂侧上举

要领：身体直立，两臂下垂持哑铃或杠铃片，做直臂侧上举。也可做侧卧直臂上举、坐姿侧上举。

作用：主要发展三角肌、斜方肌、前锯肌力量。

8. 俯卧飞鸟

要领：俯卧于练习凳上，两臂稍屈，向外侧举哑铃成飞鸟姿势，两臂还原时放松，反复练习。此动作也可采用直立飞鸟、仰卧飞鸟进行。还可用杠铃片进行练习。

作用：主要发展三角肌后部以及斜方肌、胸大肌、大圆肌力量。

9. 俯立侧平举

要领：上体前屈与地面平行，两臂下垂各执一哑铃，然后两臂向侧举哑铃至最高点，稍停，再还原。

作用：主要发展三角肌、斜方肌、大圆肌的力量。

10. 持铃侧前平举

要领：两脚靠拢站立，双手持哑铃于大腿前，先向两侧同时举起哑铃，然后向前平举，还原至开始位置再重复。练习时，肘关节始终保持稍弯屈。

作用：主要发展三角肌群力量。

11. 两臂侧摆

要领：两臂分开成站立姿势，两手持哑铃同时向一侧举起成"拉弓"姿势，放下后随即向另一侧举起，交替进行。练习时掌心始终朝下，动作连续，速度较慢。

作用：主要发展三角肌侧部力量。

12. 提肘拉

要领：身体直立，正握杠铃，然后提肘将杠铃贴身上拉至下颌，稍停，再还原。也可采用多种器械和握距进行。

作用：主要发展斜方肌、三角肌及肱二头力量。

13. 快挺杠铃

要领：两脚前后开立，两手同肩宽握杠铃置于胸前，向斜上方挺举，双腿可配合做前后交叉动作，连续挺。练习时动作速度要快，手腿配合。

作用：主要发展三角肌前部、斜方肌、前锯肌、肱三头肌力量以及身体的协调用力。

14. 快速平推杠铃

要领：两脚前后开立，两手正握杠铃于胸前，向前快速平推，连续练习。要求练习时动作速度快，可配合双腿做前后交叉练习。也可用哑铃进行练习。

作用：主要发展三角肌前部、胸大肌、肱三头肌、前锯肌力量及冲拳速度和全身协调用力。

15. 斜上推举

要领：前后（或左右）分腿站立，双手比肩宽握杠铃，举起杠铃置于胸前，连续向斜上方快速推举。要求斜上推举时两臂与上体夹角约为135度。每组练习8~10次，练习时两脚不得离开地面。也可用哑铃进行练习。

作用：主要发展三角肌前部、肱三头肌、胸大肌、前锯肌力量。

16. 快推

要领：两脚左右开立，两手持哑铃置肩部，两手交替快速向上推举或同时上推。

作用：主要发展三角肌、斜方肌力量。

17. 倒立臂屈伸

要领：面对墙，两手与肩同宽撑地，一脚后蹬，一腿后摆成背对墙的手倒立姿势。屈肘下落至肩部靠近支撑点，快速发力推起仍成手倒立。反复练习。也可在倒立架上做。

作用：主要发展三角肌、肱三头肌、背阔肌、斜方肌力量。

18. 直臂绕环

要领：身体直立，两臂下垂持哑铃或杠铃片，做胸前直臂绕环。也可做仰卧直臂绕环。

作用：主要发展肩关节周围肌肉力量。

19. 推小车

要领：练习者直臂俯撑，身体挺直，同伴握其双踝抬起他的身体，做快速用双手着地的向前爬行练习。行走 15～20 米为 1 组。也可攀台阶，攀台阶上 20～30 级为 1 组。

作用：主要发展肩带肌群力量。

三、背部力量训练

背部力量训练的目的是充分发展人体第二大肌肉——背阔肌（股四头肌最大），以及大圆肌、斜方肌、冈下肌、小圆肌、前锯肌以及骶棘肌等肌群力量。在训练时要动作准确，并使肌肉充分收缩，从而使背部力量得到充分发展。

1. 高翻

要领：两脚站距约同肩宽，双手正握杠铃，握距同肩宽，挺胸别腰，将杠铃提起至大腿中下部迅速发力，翻举至胸部。还原后再反复练习。

作用：主要发展背阔肌、斜方肌、骶棘肌力量。

2. 持铃耸肩

要领：身体直立，正握杠铃，然后以肩部斜方肌的收缩力，使两肩胛向上耸起（肩峰几乎触及耳朵），直至不能再高时为止。还原后反复进行练习。

作用：主要发展斜方肌力量。

3. 俯立划船

要领：上体前屈 90 度，抬头，正握杠铃。然后两臂从垂直姿势开始，屈臂将杠铃拉近小腹后还原，再重新开始。上拉时应注意肘靠近体侧，上体固定，不屈腕。为了减少腰部负担，也可将前额顶在山羊或鞍马上进行练习，还可采用各种握距练习，也可采用壶铃、哑铃、杠铃片等器械练习。

作用：主要发展背阔肌上、中部以及斜方肌、三角肌力量。

4. 俯卧上拉

要领：俯卧练习凳上，两臂悬空持杠铃，两臂同时将杠铃向上提起，稍停，再还原，反复进行。也可采用哑铃和壶铃进行练习。

作用：主要发展背阔肌、斜方肌、三角肌力量。

5. 直腿硬拉

要领：两腿伸直站立，上体前屈，挺胸紧腰，两臂伸直，用宽握或窄握距握住杠铃，然后伸髋、展体将杠铃拉起至身体挺直。还原后重新开始。每组练习2~5次。上拉时应注意腰背肌群要收紧，杠铃靠近腿部。

作用：主要发展骶棘肌、背阔肌、斜方肌、臀大肌以及股二头肌、半腱肌、半膜肌、大收肌等伸展躯干和伸髋的肌肉力量。

6. 宽握距引体向上

要领：用宽握距正握（也可用反握）单杠，做引体向上。引体向上时下颌要高过横杠甚至把横杆拉至乳头一线，才能最有效地发展背阔肌。上拉时不要摆动或蹬腿，脚上可系重物。反复练习。也可采用中握距引体向上、杠端引体向上。

作用：主要发展背阔肌、肱二头肌、胸大肌力量。

7. 颈后宽引体向上

要领：宽握距正握横杠悬空，然后迅猛地将身体拉起，直到颈背部高过横杠，反复练习。

作用：主要发展背阔肌、斜方肌、冈下肌、小圆肌、大圆肌、肱二头肌、肱肌力量。

8. 直臂前下压

要领：与直臂前上举相反，两臂前上举握住拉力器，做直臂前下压，反复练习。

作用：主要发展背阔肌、三角肌后部及胸大肌力量。

9. 双臂下拉

要领：两手以中等宽度握住拉力器把，坐在拉力器正下方，向下拉，使胸下部碰到拉力器把，同时挺胸。练习时上体不要后仰。还原后重新开始。

作用：主要发展背阔肌力量。

10. 宽颈后推

要领：用高翻动作将杠铃置于颈后，然后宽握杠铃，挺胸别腰，身体直立，两臂自然下垂。用两臂力量将杠铃从颈后推起至两臂伸直，每组练习3~8次。也可采用窄握距颈后推，但宽握距颈后推对发展背阔肌力量效果更好。

作用：主要发展背阔肌、斜方肌、三角肌、前锯肌、肱三头肌力量。

四、腰部力量训练

1. 山羊挺身

要领：俯卧在山羊（或鞍马）上，两脚固定在肋木间，两手在颈后固定杠铃或杠铃片（力量较小者也可不负重），做体前屈与挺身起。前屈时慢些，挺起要充分，身体成反弓形。也可俯卧在长凳上，固定两腿做负重的（或不负重）俯卧挺身，或做两端都固定的俯卧挺身静力练习。

作用：主要发展伸展躯干和伸髋的肌肉力量。

2. 负重弓身

要领：两臂持杠铃于颈后，两腿开立约与肩宽，身体直立，腰和腿收紧，上体慢慢前屈，臀部后移（像鞠躬动作），使上体成水平状态，然后向上挺直身体。可做直腿或屈腿弓身，也可坐在凳上做弓身。

作用：主要发展骶棘肌、斜方肌、臀大肌、股二头肌、半腱肌、半膜肌、大收肌力量。

3. 负重体侧屈

要领：身体直立，两腿开立约与肩宽，肩负杠铃做左右体侧屈。练习时速度不宜太快，反复进行。

作用：主要发展腹内外斜肌、腹直肌、骶棘肌、臀中肌等使躯干侧屈的肌肉力量。

4. 负重侧拉

要领：两腿伸直分开站立，一手提壶铃做体侧屈。练习时要求手臂伸直，身体尽量向侧下方弯屈，两侧轮换练习。此练习也可用哑铃或杠铃片进行。也可侧卧在长凳或山羊上，固定两腿做颈后持杠铃片的负重侧卧起。

作用：基本同负重体侧屈。

5. 负重体回环

要领：两腿伸直分开站立，两手握杠铃片或重物，两臂伸直以腰为轴做体回环动作。练习时速度要慢，反复进行。

作用：主要发展躯干伸展，侧倾和屈曲肌群的力量。

6. 俯卧两头起

要领：俯卧在垫子或长凳上，两臂前伸，两腿并拢伸直。两臂和两腿同时向上抬起，腹部与坐垫成背弓，然后积极还原，连续练习。15～20 次为一组。

作用：主要发展伸展躯干和伸髋的肌肉力量。

五、胸部力量训练

发展胸部力量的方法很多，有徒手练习，也有用杠铃、哑铃、拉力器等器械训练者。要注意，所有上体高于下肢的斜板卧推和飞鸟动作有助于发展胸大肌上部力量，而下肢高于上体的斜板卧推和飞鸟动作有助于发展胸大肌下部力量。平卧做卧推时，其效果取决于杠铃推起和放下的位置。如杠铃靠近颈部，发展的是胸大肌上部力量，如杠铃放近乳头一线，发展的是胸大肌中部力量。交叉拉力器练习也是如此，两手相交位置高，发展胸大肌上部力量，反之则发展下部力量。

1. 颈上卧推

要领：仰卧于卧推架上，可采用宽、中、窄三种握距，手持杠铃或哑铃，先屈臂将其放于颈根部，两肘尽量外展，将杠铃推至两臂完全伸直。反复进行。

作用：主要发展胸大肌上部、肱三头肌，以及三角肌力量。

2. 斜板卧推

要领：宽握杠铃仰卧于斜板上，脚高于头，朝着胸中部慢慢放下杠铃，肘关节外展与身体成 90 度角。然后迅速用力向上举起杠铃，再以稳定节奏反复进行练习。此动作也可用哑铃进行练习。

作用：主要发展胸大肌下部、肱三头肌和三角肌力量。

3. 仰卧扩胸（飞鸟）

要领：仰卧在练习凳上，两手各执一哑铃做向体侧放低与上举动作。放低时可稍屈肘，充分扩胸；上举时臂伸直。可采用不同斜度练习，也可用杠铃片做此动作。

作用：主要发展胸大肌、三角肌、前锯肌力量。

4. 直臂扩胸

要领：身体直立，两手各持一个哑铃或杠铃片，先直臂向胸前与肩关节成水平位置举起，然后直臂向两侧充分扩胸。还原后反复练习。

作用：向前主要发展胸大肌、三角肌前部、前锯肌力量；向后主要发展背阔肌、三角肌后部、斜方肌力量。

5. 直臂侧下压

要领：两臂侧上举各握住一拉力器，然后用胸大肌和背阔肌力量做直臂侧下压，反复练习。也可做侧卧直臂下压。

作用：主要发展胸大肌、背阔肌力量。

6. 宽撑双杠

要领：脸朝下收紧下颌，弓背，脚尖向前，眼视脚尖。两手宽握双杠，屈臂使身体下降，然后再伸臂把身体撑起。屈臂时尽可能使身体降低一些，不要借力，反复进行。此动作也可脚上系重物或穿沙背心进行练习。

作用：主要发展胸大肌下部、外部肌肉，以及肱三头肌、三角肌、前锯肌力量。

7. 俯卧撑

要领：俯撑在平地上或俯卧架上，两臂间隔同肩宽，然后屈臂将身体下降至最低限度，再伸直两臂将身体撑起。伸臂时两肘夹紧，身体始终挺直上下。可用头高脚低、脚高头低或背上负重三种姿势进行：两手可用宽中窄三种距离支撑。

作用：主要发展胸大肌、肱三头肌、三角肌及前锯肌力量。

8. 俯卧撑推起击掌

要领：俯卧，两臂伸直撑地，身体保持挺直。屈臂时，胸部接近地面，然后两手快速推离地面，要求击掌一次，缓冲落地。反复练习。

作用：主要发展胸大肌、肱三头肌、三角肌及前锯肌力量和上肢与躯干的协调用力。

六、腹部力量训练

腹部力量训练的重点是发展腹外斜肌、腹内斜肌、腹直肌、髂腰肌力量。腹肌收缩主要是用来缩短骨盆底部至胸骨间的距离。这种收缩动作在幅度充分的仰卧起坐或仰卧举腿中，只占很小一部分。因此，半仰卧起坐（即上体抬起幅度为全幅度的 1/4 或 1/2）等动作是比较好的发展腹部力量的方法。

1. 仰卧起坐

要领：仰卧凳上或斜板上，两足固定，两手抱头，然后屈上体坐起，再还原，反复进行。也可两手于颈后持杠铃片或其他重物负重练习。

作用：主要发展腹直肌、髂腰肌力量。

2. 半仰卧起坐

要领：平躺地上或练习凳上，两手持杠铃片置于头后，两足固定。上体向前上方卷起，同进两膝逐步弯曲。练习时注意背下部和髋部不能因上体抬起而离开地面或练习凳。用力吸气，放松呼气。收缩时停两秒。也可将负重物放在胸前上部进行练习。

作用：主要发展腹直肌上部力量。

3. 蛙式仰卧起坐

要领：仰卧垫上，两脚掌靠拢，两膝分开，两手置头后，向上抬头，使腹肌处于紧张收缩状态，两秒钟后还原重新开始。

作用：主要发展腹直肌力量。

4. 仰卧举腿

要领：卧仰在斜板上，两手置身体两侧握住斜板，然后两腿伸直或稍屈向上举至垂直。

作用：主要发展腹直肌、髂腰肌力量。

5. 悬垂举腿

要领：两手同肩宽上举握住单杠，身体悬垂，然后两腿伸直或稍屈向上举至水平位置，反复练习。另外，也可在双杠上做两臂支撑的悬垂举腿。

作用：同仰卧举腿。

6. 仰卧侧提腿

要领：仰卧垫上，然后侧提右膝碰右肘，触肘后停 1 秒钟。然后侧提左膝碰左肘。反复练习。

作用：主要发展腹内、外斜肌力量。

7. 屈膝举腿

要领：屈膝，两踝交叉，两掌心朝下放在臀侧，仰卧垫上。然后朝胸的方向举腿。直到两膝收至胸上方，还原后重新开始。

作用：主要发展腹直肌下部力量。

8. 举腿绕环

要领：背靠肋木，两手上举正握肋木悬垂，两腿并拢向左右两侧轮换举腿绕环，反复进行。练习时绕环幅度要大，腿尽力举高。

作用：主要发展腹直肌、腹内外斜肌力量。

9. 负重转体

要领：身体直立，颈后负杠铃，两足固定，然后向左、右转体至极限，反复练习。

作用：主要发展腹内、外斜肌以及骶棘肌力量。

10. 仰卧两头起

要领：身穿沙背心、带沙护腿，仰卧在垫子上，身体保持挺直，两臂和两腿同时上举至体前上方，手触脚背后还原。连续做 15～20 次为一组。还可增加难度，腿部和背部下放时不触垫子，距垫子 10 厘米开始第二次练习。

作用：主要发展腹直肌、髂腰肌力量。

11. 元宝收腹

要领：两手置脑后，平躺地上或垫子上，上体卷起时，两膝收至髋部上方。上体卷起和收膝同时进行，直到两肘碰到两膝为止，并稍停两秒钟，反复练习。

作用：主要发展腹直肌力量。

12. 元宝收腹静力

要领：仰卧，收腹，两臂和两腿同时上举，手触脚背成元宝收腹姿势，保持静止 30～60 秒钟。

作用：基本同元宝收腹。

七、腿部力量训练

1. 颈后深蹲

要领：上体正直，挺胸别腰，抬头，两手握杠将杠铃放置颈后肩上。做动作时保持腰背挺直，抬头收腹，平稳屈膝下蹲。根据不同的任务和要求，可采用不同的站距（宽、中、窄）和不同的速度（快速、中速、慢速、反弹）来做。下蹲或起立时膝与脚尖方向应一致。

作用：除主要发展股四头肌、股二头肌、臀大肌力量外，还能有效地发展伸髋肌群力量。

2. 胸前深蹲（前蹲）

要领：上体正直，挺胸别腰，抬头，两手握杠将杠铃放置两肩胛和锁骨上，平稳屈膝下蹲。其余要领同颈后深蹲。

作用：基本同颈后深蹲，但前蹲由于胸部所受的压力较大，参与完成伸膝、屈足肌群工作的阻力矩大，因此能更有效地发展伸膝肌群和躯干伸肌的力量。

胸前深蹲

3. 半蹲

要领：正握杠铃于颈后肩上，挺胸别腰，屈膝下蹲近水平位置时，随即伸腿起立。其余要领同颈后深蹲。此练习也可采用坐蹲进行。

作用：发展伸膝肌群力量与躯干支撑力量，特别是股四头肌的外、内侧肌，股后肌群和小腿三头肌。

4. 半静蹲

要领：颈后或胸前持铃屈膝下蹲至大腿水平部位，保持这个姿势不动，或做好半蹲姿势对抗不动物体，静止 6～12 秒。也可根据动作结构和需要，用不同角度来做。

作用：主要发展伸膝肌群力量和躯干支撑力量。

5. 腿举

要领：仰卧于升降练习架下，两脚蹬住练习架做腿屈伸动作。练习时可采用不同的速度（快、中、慢）和两脚间距（可膝脚靠拢，也可分开）进行。

作用：主要发展股四头肌、臀大肌、股二头肌、半腱肌、半膜肌、大收肌、小腿三头肌、屈足肌群力量。

6. 负重伸小腿

要领：坐在腿伸展练习器一端，脚背前部放在圆柱垫子下面，两手抓住臀后方的两侧。股四头肌收缩，使小腿向斜上方伸起。随着小腿伸展，上体稍向后仰，以便使腿部最大限度地伸展。两腿完全伸直后坚持两秒钟，再还原重新开始。另外，此练习也可坐在山羊或高凳上，足钩住壶铃或挂上重物，做伸小腿动作。也可在练习器上做腿蹬出动作。

作用：主要发展大腿前部肌群力量。

7. 屈小腿

要领：俯卧在屈腿练习器上，两脚跟钩住圆柱垫子，脚跟靠拢，两脚用力将负重拉起，使圆柱垫子碰到臀部。在将负重拉起的同时做俯卧撑起，则主要发展股二头肌上部力量。当开始牵拉负重时，上体由原来的俯卧撑姿势向下变为平卧在练习器上，则主要发展股二头肌中部肌肉。另外，此练习也可在小腿捆上沙护腿或足穿铁鞋，做原地屈小腿动作；还可俯卧练习凳上做加阻力（如将固定于肋木上的橡皮筋一端置小腿踝关节处）的屈小腿动作，或进行双人对抗的屈小腿练习。

作用：主要发展股二头肌、半腱肌、半膜肌、小腿三头肌力量。

8. 内收大腿

要领：坐在一个高 15～30 厘米小凳上，两脚靠拢，两膝分开，两手各握一个拉力器手柄并放在两膝内侧，两脚尽量向外展开，然后两膝用力内收，直到两手相碰。还原后重新进行。

作用：主要发展缝匠肌力量。

9. 负重蹬台阶

要领：肩负杠铃，左腿屈膝踏在高 30～50 厘米的台阶上，右脚支撑于地面。左腿迅速蹬直。与此同时，右脚提起踏上台阶。还原后反复进行。两腿交换练习。也可踝关节缚橡皮带做蹬台阶练习。

作用：主要发展伸膝、屈足肌群力量。

10. 负重抬大腿

要领：两手扶墙或扶住同伴的肩，上体前倾成支撑姿势，左膝扎橡皮带，另一端固定在体后的杠柱上。左腿做抬大腿动作，右腿积极蹬直。两腿交替做。

作用：主要发展髂腰肌、股直肌力量。

11. 肩负同伴深蹲起

要领：侧对肋木站立，左手正握横木。做肩负同伴深蹲起动作。起立时腿蹬直，要求快而有力，两人交替练习。

作用：主要发展腿部伸膝、伸髋肌群力量。

12. 负重蹲跳

要领：肩负杠铃，屈膝半蹲后，迅速伸髋、蹬腿，展体起踵做起跳动作。起跳时杠铃固定，保持挺胸、紧腰、抬头、直体，落地时屈膝缓冲。也可用壶铃做，两脚开立与肩宽，屈膝直臂持壶铃做蹲跳动作（最好两足垫高）。

作用：主要发展伸大腿和屈足肌群力量。对提高弹跳力效果较好。

13. 弓箭步跳

要领：肩负杠铃成弓箭步，向上跳起两腿同时交换，落地成弓箭步，连续练习。

作用：主要发展股四头肌、股二头肌、小腿三头肌、屈足肌群力量及弹跳力。

14. 快跳

要领：两脚左右开立，两手持哑铃于肩上，向上快速连续跳，同时两臂上举哑铃，连续练习。快跳时要速度轻快，手脚配合。

作用：主要发展伸膝、屈足肌群力量及弹跳力。

15. 快推跳

要领：两脚前后开立，两手持哑铃于胸前，向上跳起时，两手同时向前方推出，落地后两脚交换，连续跳。要求手脚配合，速度快，动作轻捷，反复练习。

作用：主要发展伸膝、屈足肌群力量，肩带力量及协调性和爆发力。

16. 足尖深膝蹲

要领：两脚分开站立，将杠铃置颈后，全身直立，随即脚跟向上踮起，前脚掌着地，然后徐徐屈膝蹲下至两腿完全弯屈（两脚尖向两侧分开），以脚尖支持身体重心。稍停，再伸腿起立至两腿完全伸直，仍以脚尖支持身体重心。反复练习。

作用：主要发展小腿腓肠肌和比目鱼肌、股四头肌力量，对提高身体平衡能力也有锻炼价值。

17. 负重提踵

要领：身体直立，颈后负铃或练习架，两脚站垫木或平地上，用力起踵，稍停再还原。

作用：主要发展小腿三头肌及屈足肌群力量。

18. 双人提踵

要领：光脚用脚趾站在一块木板上，两臂扶在位置较高的练习凳或台上，同伴跨腰上，然后两膝伸直，脚跟尽量放下着地，随即慢慢提起脚跟至小腿肌肉处于收缩状态。练习时，大部分重量落在大脚趾上。反复练习，每组 15～20 次。

作用：主要发展小腿三头肌及屈足肌群力量。

19. 仰卧踝屈伸

要领：仰卧于腿举练习架上，两手扶住两膝，膝关节微屈。两脚跟朝里，用脚趾将重物顶起，还原后重复进行。

作用：主要发展屈足肌群力量。

20. 纵跳

要领：身穿沙背心，带沙护腿，成半蹲姿势。两脚蹬地起跳，两臂上摆，腿充分蹬伸，头向上顶，缓冲落地后继续做。每组连续练习 10～15 次，负重以 10～15 千克为宜。动作要求协调，也可悬挂或标出高度目标，以两手触摸标志线或物体进行练习。

作用：主要发展伸膝和屈足肌群力量及弹跳力。

21. 蛙跳

要领：身穿沙背心，带沙护腿（也可不负重），全蹲。两脚蹬地，腿蹬直向前上方跳起，腾空后挺胸收腹，快速屈腿前摆，以双脚掌落地后不停顿地连续做，6～10 次为一组。动作中要求快速起跳，身体充分伸展开，可先不要求远度，逐渐增加远度要求。

作用：主要发展下肢爆发力及协调用力能力。

22. 跳深

要领：将 5 ~ 8 个高度为 70 ~ 100 厘米的跳箱盖纵向排好，每个跳箱盖横放，间距均为 1 米。练习者面对跳箱盖并腿站立，双脚同时用力跳上跳箱盖，紧接着向下跳，落地后立即又跳上第二个跳箱盖，连续跳上跳下，20 ~ 30 次为一组。动作之间不得停顿。也可在有沙坑的高台处做此练习。

作用：主要发展伸膝、屈足肌群和腹肌力量。

23. 直腿跳

要领：肩负轻杠铃，膝伸直，利用踝关节屈伸的力量向上跳起，连续跳。练习时要控制好杠铃，积极蹬地富有弹性。

作用：主要发展小腿三头肌和屈足肌群力量。

24. 跳台阶

要领：面向台阶，屈膝摆臂，用力蹬地收腹跳上 3 ~ 4 级台阶，连续练习。也可在楼梯上做此练习。

作用：主要发挥伸膝、屈足肌群力量及弹跳力。

25. 多级跨跳

要领：做五、十、十五级等多级跨跳，最后一跳落在沙坑里，或在锯木道上练习。练习时踝、膝、髋关节要蹬直，节奏要好。

作用：主要发展下肢屈肌和伸肌力量。

26. 跳栏架

要领：面向栏架，屈膝蹬地收腹上跳，连续跳过多个 84 厘米以上高度的栏架。

作用：基本同跳台阶。

八、全身力量训练

1. 窄上拉

要领：站距约与髋同宽，靠近横杠。两臂下垂，握距约同肩宽，挺胸别腰，下蹲提铃，当杠铃提拉到大腿中下部时，全身骤然用力，迅速做出蹬腿、伸髋、展体、起踵、耸肩、提肘动作，使杠铃继续上升，身体随之做屈膝、半蹲或直腿动作，同时顺势提肘。窄上拉包括膝上窄

窄上拉

拉、悬吊式窄拉、直腿拉、窄硬拉等多种练习方法。

作用：主要发展骶棘肌、斜方肌、前锯肌、臀大肌、股二头肌、半腱肌、半膜肌、大收肌、股四头肌、三角肌、肱肌、小腿三头肌、屈足肌群力量。

2. 宽上拉

要领：宽握距握杠，预备姿势同窄上拉，当杠铃上拉到大腿中上部时，迅速做出蹬腿、伸髋、展体、耸肩、提肘、起踵动作。宽上拉也包括膝上拉、悬吊式上拉、直腿拉、宽硬拉等多种作法。也可用助握带进行练习。

作用：基本同窄上拉。

3. 高抓

要领：高抓技术包括预备姿势、提铃、发力、半蹲支撑四个部分。预备姿势、提铃、发力部分同宽上拉。半蹲支撑是在发力时提肘的瞬间开始，这时杠铃即将转入惯性运动，腿部已能自由动作，两腿随即迅速屈膝半蹲，两臂在半蹲开始时积极提肘继续提铃，当身体降至横杠高过头部瞬间，以肘为"轴"甩前臂，将杠铃锁肩支撑在头部上方。另外，也可用分腿高抓和直腿高抓做此动作。

作用：主要发展伸膝、伸髋、伸展躯干及肩带肌群力量，并能有效地发展爆发力。

4. 箭步抓

要领：预备姿势、提铃、发力同宽拉。在发力即将结束时，做前后箭步分腿，与此同时，将杠铃提拉过头顶，伸直两臂做锁肩支撑。反复练习。

作用：基本同高抓并能有效发展爆发力。

5. 抓举（下蹲式抓举）

要领：完整的抓举包括预备姿势、提铃、发力、下蹲支撑与起立四个部分。前三个部分基本同宽上拉。下蹲支撑与起立是在发力即将结束的瞬间，屈膝下蹲，提肘伸臂，将杠铃锁肩支撑于头顶上方并随即伸膝起立。

作用：基本同高抓，并能有效发展全身力量及爆发力。

6. 挺举

要领：挺举由提铃至胸和上挺两部分动作组成。提铃至胸一般用下蹲式技术，它包括预备姿势、提铃、发力、下蹲翻与起立。除下蹲翻与起立外，前三个部分要领同窄上拉。下蹲翻是当杠铃提拉到腰带高度时积极向两侧分腿、屈膝下蹲，与此同时屈肘，并以肩为"轴"转肘将杠铃翻上胸部，停在锁骨与两肩上，上臂近水平状态，随即起立。上挺时先屈膝预蹲，然后迅猛地发力并做前后箭步分腿，将杠铃支撑于头顶，随即收腿起立。两脚站在同一横线上。

作用：提铃部分主要发展股四头肌、臀大肌、股二头肌、半腱肌、半膜肌、大收肌、骶棘肌、斜方肌、三角肌、肱二头肌、肱肌、小腿三头肌、屈足肌群力量；上挺部分主要发展股四头肌、臀大肌、股二头肌、半腱肌、半膜肌、大收肌、小腿三头肌、屈足肌群、斜方肌、前锯肌、背阔肌、三角肌、肱三头肌力量。同时也发展全身协调用力及爆发力。

7. 高翻

要领：将杠铃从地面提至胸部，提铃至胸时下蹲高度为半蹲，其他要领基本同挺举下蹲翻。高翻有多种方法，如膝上高翻、分腿高翻等。

作用：基本同挺举提铃部分。

8. 箭步翻

要领：以肩宽的握距持铃，提铃部分除握距较窄外，其他要领基本同

高翻

箭步抓，即以大腿带动小腿做前后箭步分腿下蹲；两臂动作同下蹲翻，将杠铃翻上胸脯后作起立动作：先蹬直前腿，随即后收半步，再将后脚前收，两脚平行站一横线上。反复练习。

箭步翻

作用：基本同挺举提铃部分。

9. 高翻推举

要领：用高翻动作将杠铃提拉至胸部，用两臂力量将杠铃贴近面部，从胸上推起至两臂伸直。反复练习。

作用：主要发展伸膝、伸髋，伸展躯干、肩带及伸臂力量。

10. 高翻借力推

要领：用高翻动作将杠铃提拉至胸部，然后预蹲发力，臂部用力将杠铃推至两臂在头顶上伸直的部位。要求杠铃靠近脸部上举，保持挺胸紧腰。也可放在颈后或练习架上做。此练习若在练习架上做则主要发展上肢力量，作用同上挺部分；若提铃至胸后再做这个练习，作用基本同挺举。

作用：基本同挺举。

11. 高翻半挺

要领：用高翻（也可用下蹲翻）提铃至胸后做好上挺预备姿势，然后预蹲发力，迅速屈膝半蹲，伸直两臂，在头顶上方支撑住杠铃。练习时要求上体正直、挺胸别腰，重心稳定，也可置颈后或练习架上做。另外，半挺还有一种做法，即分腿半挺，其要领是预蹲发力后，两脚向左右两侧分开约与肩宽，并迅速屈膝半蹲，伸直两臂支撑住杠铃。

作用：基本同挺举。

12. 双手持重物后抛

要领：两手持重物（如实心球、壶铃、铅球、杠铃片、杠铃等）于体前，两脚分开站立约与肩宽、屈膝半蹲，然后两脚蹬地、伸髋、展体，身体后仰，手臂顺势用力，奋力将重物经体前向头后上方抛出。两人一组，每人练习 10～15 次为一组。

作用：发展全身协调用力和爆发力，对发展股四头肌、股二头肌、臀大肌、小腿三头肌、屈足肌群、骶棘肌、斜方肌、背阔肌、肱肌力量有一定作用。

13. 双手持重物前抛

要领：两手持重物（如实心球、壶铃、铅球、杠铃片等）于体前，两脚分开站立约同肩宽、半蹲。两脚蹬地，伸展身体，两臂前摆将重物向前抛出。两人一组，每人练习 10 ~ 15 次为一组。也可采用双手持球向上抛接、双手持球跳起上抛、双手持球体后前抛等动作进行练习。

作用：主要发展上肢、躯干和下肢的协调用力以及爆发力。

举重战术

战术是根据比赛双方情况，正确地分配力量，充分发挥己方身体、技术和心理等方面的特长，限制对方特长，争取胜利的比赛艺术。

凡是为了运动员掌握最合理的战术手段和战术方法，培养运用这些手段和方法的能力，以便发扬自己特长，限制对方特长，为比赛作好战术准备而进行的训练，叫做战术训练。战术得当，常常以弱胜强；战术不当，强者也会变成弱者而失败。

进行举重战术训练时要注意三点要求：

首先要树立正确的战略思想，在举重比赛中必须坚决贯彻"以我为主，以成功率为主"的战略方针。只有运动员牢固树立了两个为主的战略思想，才能在比赛中更好地更恰当考虑如何限制对手特长。

第二要持续培养运动员的战术意识。只有有了战术意识，才能自觉地贯彻两个为主的战略思想；有了战术意识，才能预见比赛过程，预测可能发生的变化，从而提出自己的战术方案；有了战术意识才能更自觉地控制比赛中自己的每一个动作和反应；有战术意识，才不会轻易被对手所调动，而是有意识地去调动对手；有了战术意识才会自觉地根据场上情况的变化，及时改变自己的战术；有战术意识，才会自觉地调整自己的战术心理活动；有战术意识，才能与教练员取得密切而默契的配合。

第三，要掌握具体的战术手段和战术方法，并且提高对这些战术手段和方法的运用能力。

举重的战术手段主要有体重、试举重量和战术心理三个方面。

体重战术

由于举重比赛是按体重进行分级，所以体重战术是举重动员考虑的第一个战术。在运用体重战术时，要求动员要有预见性，同时要把战术考虑与保持充沛的体力相结合，切记盲目性和片面性。

运用体重战术时，首先是确定级别：要充分了解对方参加比赛人员的名单、级别、体重和成绩，然后根据对对手的分析判断，再做出本队的安排；个人的级别安排要服从于是否对团队成绩有利；体重如超过级别标准太多，则应服从长远利益，以升一级比赛为妥；同时，还要准备临时根据情况作升降级调动的运动员。

在控制赛前体重上，运用体重战术应注意：

（1）成绩稍占优势者，应少考虑体重战术，而应多注意保持充沛体力，主要依靠试举重量战术去战胜对手；

（2）原有体重较重而又必须降级比赛时，应少考虑体重战术而多注意保持体力，体重宜控制在刚好符合级别标准；

（3）原有体重超过级别标准不多的运动员，在不影响体力的前提下，为了在战术上有利，可以把体重控制在比级别标准低0.5千克左右的水平上，以取得战术上的主动权；

（4）当自己成绩与对手相近时，赛前应注意体重保密，同时可采取正当的手段了解对手情况，力争使自己的体重轻于对手；

（5）在成绩相近的情况下，如已得知对手确实体重，而自己又是力所能及，可以采取措施临时再控制0.1千克左右，以取得体重上的主动。

试举重量战术

试举重量是举重比赛的主要战术手段。试举重量选定得正确，获得很高的试举成功率，取得良好的成绩。反之，如果试举重量选定得不恰当，脱离实际，产生不良影响，小则影响成功率，影响成绩和名次，大则可能使三次试举全部失败。

一、确定试举重量时，应考虑以下因素：

（1）平时训练，特别是赛前一个月训练的各种情况。

（2）心理状态，尤其是运动员的信心。运动员这方面的表现主要有三种情况：一是赛前比较紧张、害怕、信心不足；二是赛前信心不足，但对自己的能力估计过高；三是有信心，对自己的估计比较客观。

（3）是否减轻体重，这也是确定试举重量应考虑的重要因素之一。人工减轻体重一般来说对体力往往有些影响。减得多者影响大些，减得少者影响小些或不受影响；轻级别影响大，重级别影响小；脂肪少者影响大，脂肪多者影响小；力量小而技术好者影响大，力量大而技术差者影响小。

（4）比赛经验问题。

（5）对手情况，无疑这是确定试举重量考虑的重要因素之一。

二、确定试举重量应该遵循以下原则：

（1）以我为主，举重是非对抗性的比赛，要以把自己的最好水平发挥出来为目标。如果对自己有一个比较正确的估计，只要发挥出最高水平，自然能够战胜对手。

（2）保成功率，规则规定动员在一个竞赛动作中，共有三次试举，因此，保证试举的成功是非常重要的。

（3）稳拼结合，试举时，第一次要稳，第二次要稳拼结合，第三次要拼全力，争取最好成绩。

（4）兼顾对手，第一次试举应该以我为主，第二、三次试举可适当多考虑一些对手的因素。

（5）失败不加，在三次试举中，如果第一次试举失败，则下一次试举不应该再加重量。

（6）灵活掌握，尽管举重比赛的试举重量在赛前已经定好，但如果比赛时发现实际情况与估计不符，也可以灵活掌握而改变试举重量，但要注意的是，第一次试举重量尽量不改，即灵活性主要表现在第二、三次试举；灵活掌握的幅度一般为 2.5 千克，最多不要超过 5 千克；灵活掌握以减轻重量为主，只有非增加重量不可时再增加。

三、三次试举要重量的基本要求及试举方案

第一次试举的基本要求是稳，应该是很有把握成功的重量，一般比动员赛前训练最高成绩少 5 ~ 7.5 千克。

第二次试举重量一般比较固定，即比第一次重量增加 5 千克，接近或达到运动员的赛前训练最高成绩。

第三次试举的基本要求是拼，因为这是最后一次机会，应该去全力以赴地去冲击一个最高的成绩。

心理战术

除了体重战术和试举重量战术，心理战术也是举重比赛中不可重视的方面，而成功的心理战术的运用，则能充分调动运动员的积极性，保证运动员处于更好的竞技状态之中，从而促进运动员身体素质和技术的发挥。在运用心理战术时，一是要尽量了解对方，而不给对方了解自己；二是要麻痹对方和给对方以心理负担；第三可以通过暗示给我方以鼓舞和信心。

PART 8 项目术语

举重运动

举重运动是指通过各种方式和方法举起重物，并不断增加所举的重量，达到增强体质，特别是以发展力量为目的运动项目。举重运动最基本的特点就是要负重练习。它的技术特点是向上用力与向下蹲低承接杠铃的协调配合。它的生理特点是在最短的时间内发出最大的力量。通常完成一个大重量的抓举只要 1.7 秒左右，完成一个挺举动作也只需 2.4 秒左右，但举起的重量最高能达到本人体重 3 倍。从 1896 年第一届奥运会始即到为正式比赛项目。1920 年成立国际举重联合会，至今拥有会员国 130 多个。现在是以双手抓举和双手挺举为竞赛项目。按体重分级：男子举重为 10 个级别，女子举重为 9 个级别。

大车轮

举重运动错误动作的习惯性用语。专指在抓举中运动员发力后，不顺耸肩提肘使杠铃贴身向上运动，而是几乎不得时，接近直臂把杠铃向前上方弧形轮上去，似体操单杠中的"大回环"一样，故称之为大车轮。此动作对抓举成功率危害极大，造成下蹲支撑困难，经常导致杠铃后掉而失败。

下蹲式

指两脚左右分开、两膝全屈的举重方式。20 世纪 40 年代出现于国际举坛。因蹲得低、举得重，动作对称协调，而逐步取代了传统的箭步式。又称"深蹲式"。

下蹲支撑

指运动员在发力结束后借杠铃惯性向上运动的同时，迅速下降身体重心去支撑杠铃。在抓举中表现为直臂支撑，同时锁肩，肘外转，挺胸，抬头，身体重心降至最低位置；在挺举中表现为提铃至胸的屈臂支撑（两臂弯曲至最大程度），把杠铃放在两侧锁骨和三角肌上，挺胸抬头，双肘高抬，两大臂呈水平状态并保持平行，把杠铃紧紧扣住。下蹲支撑的架子要稳定，就举重行话是说把臀部和大腿"坐"在小腿上。

下砸力

指发力结束后将杠铃抛向空中，当杠铃回落时，运动员的身体要承受一种压力。用下砸力的指数来表示这种压力的大小。运动技术水平较高的运动员下砸力指数过大，将给运动员的支撑动作造成非常大的困难，甚至有砸散架子的可能。

预备姿势

指开始提铃前的准备姿势。它要求站位时，双脚距离等于肩宽，或略窄于肩。小腿离横杠既不能过近，也不能过远，过近或过远都将使杠铃的小升路线不好，导致失败。最适当的位置是横杠离小腿胫骨 3 ~ 4 厘米，横杠的投影落在前脚掌三分之一处。双手握距同肩宽（挺举时应用），或宽于肩（抓举时应用），用锁握法握住杠铃，要求抬头、挺胸、塌腰，臀部压低，臂部完全伸直。

引膝

指杠铃被提起超过膝后，两膝前移至杠下的动作。具有使杠铃重心与身体重心尽量接近以减小提铃时的阻力并能使臂和膝关节回屈、股四头肌被适度拉长，以利于更好完成下阶段发力动作。

发力

指在极短时间内全身用力使杠铃产生最大加速度，并能够为下蹲创造必要条件以及给杠铃上升以动力的动作。它是举重运动的关键技术动作之一。

辛克莱系数表

是加拿大著名举重专家辛克莱用统计方法设计的并以其名字命名的系数表。此表为国际举重联合会唯一认可的设计，可用来比较不同体重级别选手举重成绩的高低，用以世界杯总决赛中选出全场最优秀的选手，每逢奥运会年尾，参照世界纪录修订一次。

转肘

是指挺举提铃于胸前在发力耸肩动作完成以后，顺势拉臂把双肘向前上方迅速转出，使大臂呈水平状态的技术动作。它的作用是使发力后的杠铃能借惯性力沿着正确的路线上升，以保证提铃至胸动作的顺利进行。如不是转肘而是"搬肘"的话，会造成发力的杠铃呈弧形路线上升，使运动员很难形成稳固的下蹲支撑。

空握

指五指并拢从同一方向包握横杠的方法。此握法杠铃容易脱手，只在举横杠粗的器械或石担时采用。

直腿抓

又称实抓。双手抓住杠铃横杠而以连续动作把杠铃向上提起至双臂伸直。要求双腿不做任何方式下蹲。可改进抓举技术和增加抓举上拉力量。

举重技术原则

是在举重运动的长期发展过程中逐渐总结起来的。它符合人体生理解剖特点和生物力学原理，归纳为四个原则。

（1）是"近"。指在举杠铃的整个过程中，杠铃始终贴近身体，尽量减少各个环节的阻力臂。即是杠铃的重心和人体的重心的合重心尽量靠近两腿支撑面的中心，它不但稳定、省力，而且能最有效地发挥人体的最大力量。

（2）是"快"。指杠铃在上升阶段是一个不断加速的过程，尤其是在发力阶段时，是一个突然的加速度，使杠铃产生向上运动最大的力。然后迅速下降，重心支撑杠铃的动作要快。

（3）是"低"。是指发力后紧接着而来的支撑架子要低。要求踝关节具有良好的柔韧性，大小腿重叠，人体重心处于最低状态。缩短杠铃上升的距离，可举起更大重量。

（4）是"稳"。是指举杠铃的结束阶段，做出正确的支撑姿势，动作要稳，要求动作具有连贯性、协调性和准确性。杠铃向上运动的路线应尽量接近垂直，但绝非直线运动。

贴身

指杠铃在上升的整个过程中，杠铃始终靠近身体。就是说杠铃的合力作用线尽量接近支撑面中心，它的作用是减少阻力臂，因而省力。稳定的支撑还能有效地发挥人体的最大力量，同时杠铃上升路线正确可保持动作的准确与稳定，提高成功率。

卧推

指双手抓杠铃放在胸部，同时仰卧在举重凳上做上推动作。可锻炼胸大肌、三角肌及肱三头肌。也是力量举重比赛动作之一。

绝对力量

指肌肉克服最大外部阻力的能力。通常最重要的是腿力（深蹲的重量）和拉力（硬拉的重量）。总之，是各个项目所能举起的最大重量。也称"实力"。

速度力量

指肌肉短时间内快速收缩的能力。通常指运动员在发力后杠铃向上运动的速度。

相对力量

指运动员所举的最大重量除以本人的体重所得的商数。随着体重级别的逐渐增大，相对力量反而逐渐减小。

起踵

指举重发力时，首先是展体、蹬腿，紧接着顺势尽可能高起踵（抬起脚后跟）。它的作用在于不但配合发力，增加发力效果，而且把杠铃的上升高度又增加了一些，为接下来的支撑动作争取了时间，提高了成功率。

耸肩

指在发力结束时给杠铃一个突然加速之后，紧接着把双肩同时上提。其作用是为了增加杠铃上升的高度，并确保杠铃上升的路线接近垂直程度，是很重要的一个技术动作。

砸锅

在举重比赛当中，先进行抓举、后进行挺举，各有 3 次试举机会。如果其中有一项 3 次试举均失败，就失掉了总成绩。举重界习惯称之为"砸锅"。

高抓

指双手抓握杠铃并连续向上提起至双臂伸而两膝微屈半蹲的动作。因起始姿势不同而有膝上高抓、垫人高抓和垫铃高抓三种。用于改进抓举技术和增加上拉爆发力。

高射炮

专指在挺举的上挺过程中预蹲时重心没有落在脚后跟部位而是偏前落在脚尖部位。这样在发力后杠铃的上升路线本来就向前倾斜。运动员在分腿下降重心支撑时，双肩没有置于横杠的正下方，而是杠铃在前，双肩在后，没有使双臂与躯干成180度，这样势必把杠铃向前上方抛出去，似高射炮一样。此动作极易造成上挺失败。

预蹲

因在挺举的主要用力阶段上挺前运动员须预先微蹲，故名。指杠铃被翻到胸上身体直立后而双腿再微屈下蹲的动作。主要为了便于上挺发力。也是举重辅助动作之一。

借力推

因上肢动作似推举、发力时又借助蹬腿的力量而得名。做法是提铃至胸以后，身体直立并挺胸，然后两膝微屈预蹲，紧接着蹬腿、伸髋、抬肘、伸臂而把杠铃推至头上方。具有发展上推挺力量和改进上挺发力技术的作用。

握距

指在举重中两手握住杠铃的距离。由于抓举和挺举的技术结构不同，因此握距也有区别。抓举采用宽握距（比肩宽）。一般来说，把杠铃拉起来，肘提起，肘关节的夹角为直角的两手握距为最佳；挺举采用窄握距（同肩宽为宜）。根据肩关节的柔韧性和个人技术特长，可适当缩短或放宽握距。

锁握

握杠铃的方法之一。拇指与四指相对抓住横杠，并以食指和中指压住拇指。这种握法上拉时杠铃不易脱手，杠铃像被锁住一样，故名。

提肘

是指在抓举当中发力时，给杠铃一个突然加速以后，紧接着屈臂，尽可能向两侧高抬肘。可使杠铃贴身上升，保证抓举的成功率。是抓举当中很重要的一项技术。

提铃节奏

提铃的节奏分为单节奏和双节奏。单节奏是指一开始运动员就用很大的力量使杠铃获得向上的初速度，到发力时也不很明显，外观上似乎是用一个速度把杠铃提起来的；双节奏是指提铃的开始阶段不是很快，以后逐渐加快，当杠铃过膝盖达到大腿的中部，此时膝关节、髋关节的角度处于最有利的工作状态，运动员猛然发力，使杠铃获得最大上升加速度，从外观上看开始慢，后来快。由于膝关节、髋关节的角度较小，单节奏提铃不可能突然使杠铃获得最大的上升加速度，但仍有一部分运动员采用。从实践中看，双节奏提铃的上升路线好，尤其在抓举中成功率较高，故被大多数运动员所采用。

腾空

指发力后杠铃借惯性向上运动时，运动员的两脚离开地面迅速向两侧分开至重新落地这一短暂阶段。优秀运动员抓举的腾空时间约为0.14秒，挺举提铃至胸的腾空时间约为0.1秒。高水平的运动员比低水平的运动员腾空时间为短。另外，随着杠铃重量的增加，腾空的时间也越来越短。

举重加片器

是为减轻加重员繁重的体力劳动而设计的一种专门器械。现代的杠铃片从10千克的重量开始直径就是45厘米（杠铃片的最大直径）。如杠铃的重量是200千克时，那么杠铃杆两端要各加25千克的杠铃片3个，10千克的1个，2.5千克的1个，再加上卡头。有4个杠铃片直径完全一样，再增加杠铃重量时，必须以人力先把一端扛起来，加上所需重量，然后再以同样的方法加重另一端。现代举重比赛时最小级别挺举也要 150 千克，最大级别则可达到 250 千克，故加重员的劳动强度很大。加片器则利用杠杆原理，它有一个圆形（或方形）的底座，垂直底座的柱体上带一个弧形的钩，加重时把加片器置于杠铃内侧端，用钩挂住杠铃杆，然后按下长臂把手，就较轻松地把杠铃的一端撬起来，加重时既省力又方便，一端加完后，照此办法再加另一端。

电子裁判信号灯

是在比赛当中裁判员判断运动员试举成功与失败的灯光显示器。有 3 个白灯和 3 个红灯。由 3 名执行裁判各控制 1 个白灯和 1 个红灯，只要 2 个以上白灯打亮，即表示试举成功；2 个以上红灯打亮即表示试举失败；同时伴有指示灯和峰鸣器，示意运动员放下杠铃。

举重护腕

举重运动员使用的专用护具。无论是在抓举还是挺举当中，对手腕的压力都是相当大的。为了保护手腕，特制成专用举重护腕。以前是用牛皮制成，现在清一色地用细布或细帆布制成 5 厘米宽、长度至少是 1 米的布护腕，护腕的一头连接一段细绳，最后用来系在腕子上。

举重助握带

用一条帆布带（或尼龙带、皮带）对折缝制而成。当运动员用很大力量做宽、窄上拉动作时，用其助握以防因握力不够而滑脱。也称"上拉带"。

举重服

是用尼龙、羊毛或棉纱织成的背心和短裤连为一体的针织制品，裤子部分必须能完全遮住臀部。可有各种颜色，也可带有举重比赛的会徽或国徽，但不准带有俱乐部的标志。比赛时还允许在其里面再穿一件无领短袖衫。

举重台

是用坚固的硬木或塑料制成的平台。台为正方形，各边长 4 米，台高为 50～150 毫米，台面四周有一条宽 50 毫米的彩色边，台面必须平坦而不滑。可供比赛用。此外，在没有举重台时，可在坚实的平地上画出各边长为 4 米的正方形场地，线宽 50 毫米，边长由线的内沿算起，用供小型比赛使用。

举重鞋

鞋帮较高（一般超过脚踝）；鞋底坚固且较软；鞋跟也较高，但不得向两边突出以加大支撑面积。通常鞋用猪皮或牛皮制成。

举重腰带

举重时系于腰部以起保护作用的专用护具。最宽处原定为不超过100 毫米，1980 年第 22 届奥运会后改为不得超过 120 毫米。一般为牛皮制品，要求皮质要较硬。

举重壶铃

铸铁制成的举重用具。因形如提壶而得名。壶铃底部有一直径为 3厘米的孔，以往内填铁砂等做增加重量用。有 10、15、20、25、30、35千克等重量。

PART 9　裁判标准

组织、人员与职责

仲裁委员会

举重比赛前，由承办单位与当地体委及举协协商任命仲裁委员会成员，组织仲裁委员会。仲裁委员会分两个组，每组 3~5 人，每组设主席 1 人，两个组轮流担任工作。仲裁委员会成员应来自不同单位，各队领队和教练员不能参与仲裁委员会工作。仲裁委员会委员必须是精通竞赛规则和裁判法的相应级别的裁判员。

仲裁委员会的职责

举重比赛仲裁委员会的职责是保证技术规则的执行，对执行裁判进行考核，当执行裁判员出现判断上的严重错误时，仲裁委员会（一个组）在取得一致意见后，对不称职的裁判员进行警告以至撤换。如遇加重员加错重量、报告员报错或漏报等，仲裁委员会应按照规定，迅速做出决定。比赛开始前，执行裁判员须向仲裁委员会主席递交裁判证书；比赛进行中，仲裁委员会主席受理第四次试举的申请，并签署意见；比赛结束后，仲裁委员会主席须在执行任务裁判员的证书上签字，并退还给执行裁判。

总裁判职责

举重比赛总裁判领导裁判工作人员进行学习和工作，制定竞赛程序。明确裁判人员的分工，密切裁判工作人员联系，使裁判工作顺利进行。组织和主持仲裁委员、教练员联席会议，竞赛前检查竞赛场地和器材设备。协同仲裁委员会处理竞赛中发生的有关裁判方面的重大问题，每级别、每项比赛结束后，审核竞赛成绩和名次，宣布获奖运动员名单，而且，总裁判可兼任仲裁委员。大会结束后，总裁判做好工作总结。

副总裁判职责

副总裁判协助总裁判进行工作，在总裁判缺席时代行其职责，负责称量体重。正、副总裁判之间可适当分工。

裁判员职责

一场竞赛有 3 名裁判员和 1 名候补裁判员，根据不同位置分为主裁判员（2 号裁判员）、左侧裁判员（1 号裁判员）和右侧裁判员（3 号裁判员）。主裁判员的位置在举重台（场）中正前方不少于 6 米处，两侧裁判员的位置应分设在距举重台（场）中心的左、右斜前方不少于 6 米处。候补裁判员临场待命。裁判员在竞赛前应称量运动员的体重，注意运动员的服装、护具是否符合规定，竞赛开始前裁判员入场后，必须将裁判员证书提交仲裁委员会主席。检查电子裁判信号器：竞赛中判定运动员的动作是否正确，如已正确完成，应立即按红灯，令其放下杠铃。如未采用电子裁判信号器，则发现犯规动作的裁判员，应立即发令，让运动员停止试举；如运动员在上举杠铃过程中转移方向，裁判员可起立到能看到的位置观察动作，随后回原位发信号。竞赛时注意加重员加的重量是否正确，杠铃在台上的位置是否妥当，注意运动员服装、护具是否符合规定，大腿上是否涂擦润滑剂。竞赛结束后，裁判员向仲裁委员会领回裁判员证书，并在成绩记录表、破纪录证明单等表格上签字。

举重比赛记录长职责

协同竞赛组根据赛前裁判、教练联席会议规定的期限，处理升级、降级和弃权运动员的更正名单，送竞赛组审核付印。竞赛期间，及时安插升级运动员，向裁判组公布当日比赛运动员人数以及更正名单。抽签和称量体重时，审核记录员填写的签号和体重是否正确。比赛中审核试举顺序，及时处理记录工作中发生的问题。每级别各项比赛结束时，审核得奖运动员名次，立即分送值班总裁判和检录员。及时向竞赛组送交该级别成绩表，每场比赛结束后，审核记录表、等级运动员成绩证明单和破纪录成绩证明单，协助竞赛组编写成绩册，整理比赛资料送竞赛组归档，副记录长则协助记录长工作。

举重比赛记录员职责

填写并协同检录员发放运动员卡牌，记录运动员签号和体重，编写成绩记录表，宣布杠铃的重量，通知试举运动员出场，预告下一个运动员做准备，记下运动员每次举的成败和裁判员的决定，请仲裁委员会、值班总裁判和执行裁判员签名；比赛结束后，协助记录长整理该级成绩单，填写好破纪录成绩证明单和等级运动员成绩证明单等。

举重比赛检录员职责

举重比赛检录员要在比赛前 2 小时 15 分钟，按秩序册顺序通知运动员抽签；赛前 2 小时，按签号通知运动员进入称量体重室，按各队上报的陪同人员名单发给进入准备活动室人门证；去赛场前（开车前），检查赛员是否到齐；赛前 5 分钟，集合运动员讲解注意事项和检查运动员服装，发现弃权运动员立即通知广播员；比赛开始介绍运动员时，带领运动员入场、退场；按记录员的点名，督促运动员出场试举和准备试举；检查运动员出场时的服装和大腿上是否涂润滑剂；运动员更改试举重量后，应及时通知记录员和赛场公布，更改其他试举次数、重量时，只需要通知记录员；运动员试举后，用手势或步话机向记录员通报下一次试举重量，准备好第 4 次试举申请单。如有运动员申请单送交仲裁委员会主席审批，批准后交记录长执行；每项比赛结束后，如需要发奖，及时向记录长索取获奖运动员名单，召集、带领获奖运动员出场领奖。

举重比赛计时员职责

举重比赛计时员要在赛前认真检查、核准计时钟（表）；计算运动员从点名到提铃至膝的时间；最后 1 分钟时发出灯光和低音信号，到规定时间如运动员未把杠铃提离举重台面，应立即发出信号，通知执行裁判员已超过试举时间；当出现改变试举重量或发生问题需要进行研究时，应立即停表，在仲裁委员会决定继续计时后，立即开表。

举重比赛加重员职责

举重比赛加重员要在赛前协助总裁判核查比赛使用的杠铃重量；按记录员报告的重量，准确地加好杠铃的重量，必须对称地把最重片加在最里面，依次将较轻片向外加，检查杠铃片是否加紧、卡箍是否松动以及杠铃的位置是否合适；竞赛中，注意保护运动员的安全；随时保持举重台和杠铃的清洁。

举重比赛公布员职责

举重比赛公布员要在比赛时用记录牌或其他方式公布运动员的签号、单位、姓名、体重、试举重量及试举次数、试举成败结果以及各项记录等；注意杠铃重量是否与公布的相符。

举重比赛报告员职责

举重比赛报告员要在赛前掌握运动员、裁判员的等级称号，了解裁判员分工等情况；赛前向观众宣布大会的注意事项，维持赛场秩序，介绍本届比赛情况；宣布竞赛开始、结束，宣布竞赛内容和次序；介绍运动员、仲裁委员会成员和裁判组人员；在竞赛中介绍举重常识和优秀运动员的情况，活跃赛场气氛，鼓动运动员发扬拼搏精神，创造优异成绩。

举重比赛医生职责

举重比赛医生负责称量体重时观察运动员的健康情况，对不宜参加比赛的运动员提出意见，对提出有生理缺陷的运动员进行核查，并做鉴定上报仲裁委员会；竞赛中，对发生创伤的运动员做急救治疗，如需用胶布、绷带，须向仲裁委员会主席报告；检查运动员是否服用兴奋剂。

程序、 评分与要求

举重比赛前的抽签

在各级竞赛开始前 2 小时 15 分钟，在称量体重室，由运动员或该队代表抽签，并在整个比赛中保持所抽签号；若有 2 个或 2 个以上级别的运动员参加同一场竞赛时，应分别抽签，轻级别签号排列在前。抽签工作应在副总裁判和 3 位执行裁判员的监督下进行。签号决定称量体重顺序和比赛中的试举顺序，如按签号轮到某一运动员称量体重而他不在场，则他来到时就排到正在称量体重运动员之后称量。在称量体重开始前 15 分钟进行抽签，如运动员或该队代表在规定时间内未到，可由副总裁判代为抽签。

举重比赛前的称量体重

运动员应在该场竞赛前 2 小时开始称量体重。称量时间为 1 小时，过时作为弃权论。签号小者先称量，运动员上秤时即将填写好抓举、挺举第一次试举重量的运动员卡片交给记录员。称量体重时必须由副总裁判、3 名执行裁判和记录员、检录员、医生各 1 人组成的小组执行该项工作，磅秤由副总裁判掌握。称得的重量经 3 位裁判同意后，由记录员记下。称量体重时，运动员听到点名后，除本人外，允许该队派一人陪同到场，称完后立即离开场地。运动员应裸体称量（男运动员可穿裤衩；女运动员可带胸罩、穿裤衩；但裁判员有权检查）。每人只能称量一次，如体重不符合该级别重量时，可在规定时间内再行称量，次数不限，直到合格为止。只有在该场运动员的体重全部称量完毕后，才可公布。如有缺号，其下签号依顺序上推。运动员只有在提出的时间最迟在原报名级别抽签时以及经称量体重超过原报名级别标准的情况下，方可升级比赛。但无论哪种情况，都要在该级别尚未举行比赛并且其成绩必须达到该级别的及格标准时才可参加，如以团体为单位的竞赛，则要在该单位、该级别有空额时才能参加。称量体重时，每队必须向检录员申报运动员陪同人员名单，并向检录员领取"准备活动室入门证"。

举重比赛程序的规定

记录员根据每张"运动员卡片"的签号顺序编写记录表，每次试举后，检录员要请教练员或运动员在"运动员卡片"上填写下次试举重量，并立即报送记录员。比赛点名时，记录员或报告员要报清卡片上杠铃的重量、试举运动员的签号、国籍、姓名、试举次数及下一次准备试举的运动员姓名，这些项目还应及时准确地显示在前后场的记录和公布牌上。杠铃重量是逐步增加的，凡已经举过的杠铃重量，除第四次试举或为改正裁判工作失误外都不得减轻。运动员每次试举的重量必须是2.5千克的倍数。第二次试举时，增加的重量至少是5千克，第三次试举要求增加的重量至少是2.5千克。如第二次试举只增加2.5千克，则判该次试举为第三次试举。如试举失败，下一次试举仍可举原重量。破纪录的重量至少增加0.5千克或0.5千克的倍数。从点名到试举，2分钟内运动员还未将杠铃提离举重台，即判该次试举失败。运动员连续试举或第四次试举时，允许有3分钟时间，到最后分钟时，应发出信号，如到3分钟运动员还未把杠铃提离举重台面，则判该次试举失败。运动员在全场比赛中，共有6次试举机会，即抓举、挺举各3次。运动员为破纪录可申请第四次试举，第四次试举必须在该项比赛结束后进行。运动员要求改变试举重量，必须在最后一次点名前提出，在来不及填卡的情况下，教练员或运动员可口头要求改变重量，但每次试举的重量只能更改2次。若要降低原报重量，其所降低后的重量可以等于场上已举过的重量，但不得违反试举顺序的规定。已点名通知某运动员出场试举，若该运动员要求改变重量时，计时暂停，重量改变后，如仍由该运动员试举，则继续计时；否则重新开始计时。若不同级别在同一场次进行比赛时，试举重量仍由轻者先举。赛前称量体重时，由检录员按照参加该场比赛人数的有关规定，分发"准备活动室入门证"。在竞赛规则规定计算单项成绩的竞赛中，任何一种举式连续3次失败（抓举失败，可继续参加挺举比赛），但在另一种举式中如能取得名次，则其单项得分可计算在团体总分之内，但没有总成绩。试举的成败，裁判员分别以白、红灯（旗）表示，2个或3个白灯（旗）为成功，2个或3个红灯（旗）为失败。同时禁止运动员使用兴奋剂。赛后对运动员进行相应检查，如发现使用兴奋剂，则所得名次及创造的纪录均无效，并取消其一定时期参加比赛的资格。

举重试举顺序

试举重量轻的运动员先进行试举。第一次试举重量相等时，按签号决定顺序，号小者先举。在第二次、第三次试举中，如遇试举重量相等，则按前一次的试举顺序进行。不同次数试举中，试举重量相等时，试举次数少者先举，在连续试举的情况下也不例外。

举重比赛对杠铃重量加错或报错的处理

当杠铃重量的增加轻于运动员所要重量时，如试举成功，只要该重量符合 2.5 千克的倍数，运动员愿意接受，即可算是他的一次试举；如运动员拒绝接受，那就应让杠铃重量增加到该运动员原来所要的重量，让他重举一次。如试举失败，或杠铃重量不符合 2.5 千克的倍数，那就应让该运动员用他原来所要的重量重举一次。当杠铃重量的增加重于运动员所要重量时，如试举成功，只要该重量符合 2.5 千克的倍数，运动员愿意接受，即可算是他的一次试举；如他拒绝接受，那就应让该运动员用原来所要的重量重举一次。如试举失败或杠铃重量不是 2.5 千克的倍数，那就应让他用原来所要的重量重举一次。当杠铃两端的重量加得不相同，或在试举过程中出现卡箍脱落，或要改换杠铃或杠铃片，或举重台没有安排好，仲裁委员会应取消这次试举而让该运动员重举一次。当加重错误出现在第二次，杠铃重量只比第一次试举重量增加 2.5 千克时，若运动员试举成功，并愿意接受，即可算是他的试举成绩，但应取消其第三次试举；如他不愿意接受，那就应让他用原来所要的第二次试举重量重举一次。当报告员将一位运动员所要的重量报错，错报重量轻于或重于该运动员原来所要的重量时，仲裁委员会应按处理加重错误的同样规定处理之。在某次比赛中，当运动员不是被规定留在举重台的附近，因而无法随时得知其他运动员的试举重量增加情况，这时若报告员漏点了一名将轮到进行试举的运动员，而杠铃重量已加至高于该运动员所要的重量时，则应将杠铃降到他所要的重量，让他补举一次。

举重比赛个人名次的评定

单项名次：在抓举或挺举的 3 次试举中，举起最高的一次重量，其重量是 2.5 千克的倍数，即为单项成绩，单项名次按单项成绩来确定。总成绩名次以抓举和挺举两项成绩的总和来确定。单项成绩或总成绩相等时，以赛前体重轻者名次列前；如体重相等则名次并列。当名次并列时，下一名次应为空额，并列者每人所得分数均为该名次应得的分数。

举重比赛团体名次的评定

根据每单位运动员所得分数的总和来确定团体名次。计分办法为：取前 6 名计分办法为：7、5、4、3、2、1；取前 10 名计分办法为：12、9、8、7、6、5、4、3、2、1；取前 15 名分办法为 16、14、13、12、11、10、9、8、7、6、5、4、3、2、1，最后根据得分多少确定团体名次，得分多的团体名次列前。团体计分办法是否只计总成绩得分，或者还计单项得分，可由竞赛规则另行规定。团体得分相等时，以得第一名较多的团体名次列前；如仍相等，则以得第 2 名较多的团体名次列前；其余类推。如仍相等则名次并列。

举重比赛抓举的要求

运动员将杠铃平正地放在两小腿前面，两掌掌心向下握杠，以一个连续动作把杠铃从举重台上举至两臂在头上完全伸直。两腿可采用"下蹲"或"箭步"动作。运动员应以连续动作把杠铃沿身体向上举起，除两足外，身体其他部分不能触及举重台。在杠铃还未举过头顶之前，不得翻腕。运动员从"下蹲"或"箭步"姿势起立的时间不限。运动员在举起杠铃后，全身保持静止，两臂、两腿伸直，并使两足站在与躯干和杠铃的平面相平行的同一横线上，直至裁判员发令将杠铃放回举重台上。

举重比赛挺举的要求

第一部分为翻铃（旧称"提铃至胸"），即运动员将杠铃平等地放在两小腿前面，两掌心向下握杠，以一个连续动作把杠铃从举重台上提置肩际，两腿可采用"下蹲"或"箭步"动作。在这个连续动作中，横杠可以沿着膝盖和大腿滑动。在到达最后位置之前不得触及胸部。然后，横杆应停置于锁骨上或乳头以上的胸部上，或全屈的两臂上。上挺前，两足应收回，腿伸直，并使两足站在与躯干和杠铃的平面相平行的同一横线上。全身保持静止姿势，待裁判员发令后将杠铃放回到举重台上。

举重比赛两种举式通则

运动员须两手握杠，掌心向下，虎口相对。允许采用"锁握"法。

运动员提铃后，杠铃达到膝盖高度，即为一次试举。裁判员发令放下杠铃后，运动员必须从身前放下杠铃，不得有意或无意让杠铃掉下，当杠铃降至腰线以下时，方可放开握把。如运动员因生理缺陷两臂不能充分伸直，须于赛前经医生检查证明并向仲裁委员会报告，由仲裁委员会转告执行裁判员。在做抓举或下蹲翻铃时，运动员可借助其身体的弹动来起立，时间、次数不限。禁止运动员在大腿上涂沫油脂、水、滑石粉或任何类似的润滑剂，一经发现，应令其擦掉，此时仲裁委员会将决定是否让计时钟继续走动。

举重比赛不正确的动作和位置

在所有举式中，从悬垂状态提铃，除两足外，身体任何部位触及举重台；在完成动作时，两臂伸展不平均或不完全；伸展臂部过程中有停顿；用推举方式完成动作；起立时臂有屈伸；在试举过程中离开举重台，即让身体任何部分触及台外地方；在裁判员发令前将杠铃放下；在裁判员发令后让杠铃掉下；未能使两足站在与杠铃和躯干平面相平行的同一横线上来完成动作；放铃时，未能使杠铃整体接触举重台。在抓举中，提铃过程中有停顿；在完成动作过程中，横杠触及头部（含头发）。在挺举中，翻铃时在提肘之前横杠触及胸部、肘、上臂触及大腿或膝部；上挺时任何明显用力上挺而没有完成的动作，包括下降身体或屈膝；上挺前有意使杠铃颤动。

举重比赛运动员名单和场次的确定

赛前必须举行一次由仲裁委员会主席、总裁判、副总裁判、计录长和各队教练员参加的联席会议。各单位应在此会上最后确定参加各级比赛运动员的名单，此后不得降级参加比赛，但可按有关规则和规程的规定升级比赛。竞赛场次的编排，应按体重级别的轻重，由轻到重逐级进行。在运动员人数不多的情况下，可合并两级或两级以上的运动员参加同一场比赛，成绩则按实际级别计算；如同一级别人数过多，可按报名成绩分成若干组，并在同一天内进行比赛。在同一级别的比赛中，裁判员不得更换。在每场比赛中，先进行抓举，后进行挺举，两种举式必须在同一场内完成。

PART 10 赛事组织

举重组织

国际举重联合会

国际举重联合会（International Weightlifting Federation，IWF）简称国际举联。国际举联是负责管理举重运动的国际性组织。它成立于1905年，目前有178个国家（地区）会员协会。国际举联的任务是组织和管理举重运动，制定举重规则，管理国际比赛，监督洲际和地区联合会的活动并协助国家（地区）协会发展举重项目。

国际举联以英语为工作用语，其他正式用语还包括法语、西班牙语、德语、俄语、阿拉伯语。

国际举联是国际单项体育联合会总会成员。国际举联遵循奥林匹克理想和原则，使举重运动成为推动世界和平和相互理解的一种手段，反对任何政治、种族和宗教信仰的歧视。其宗旨和任务是：发展世界范围的举重运动；加强各国举重协会和运动员

国际举联标志

之间的友谊和合作，帮助各国举重协会开展举重运动；管理和协调世界范围的国际举重比赛，确定比赛规则；培训裁判，协调和确定国际比赛和其他活动日程；批准世界纪录等。

代表大会是国际举联的最高权力机构，每年召开一次。每个协会会员可派两名代表参加，但只有一票表决权。代表大会的内容包括：接收会员，听取秘书长和各委员会的工作报告，批准世界纪录，补选官员，确定世界锦标赛的地点，确定世界锦标赛的裁判等。在奥运会年的代表大会上，研究举联章程和比赛规则修改的建议，选举执委会和各委员会委员。2013 年，国际举重联合会的主席是塔马斯。

代表大会闭幕期间的领导机构是执委会，由主席、6 名副主席、秘书长兼司库、8 名委员、大洲联合会主席（当然委员）和助理秘书（无表决权）组成。

国际举联设有技术、科学研究、医务和审计共 4 个专门委员会。

国际举联的经费来自协会会员的会费、比赛电视转播费以及国际比赛组织者上缴的费用。

该组织出版《国际举联公报》，每月一期。内容包括国际比赛、世界锦标赛、国际运动会的成绩，比赛章程，会员地址的变更，代表大会和会议的报道等。

国际举联组织的赛事主要是世界锦标赛、世界青年锦标赛和奥运会举重比赛等。

中国于 1936 年加入国际举联，1955 年得到国际举联的确认，1958 年退出，1974 年 9 月恢复在国际举联的会员资格。

现任主席：塔马斯（Dr. Tamás Aján 匈牙利）

秘书长：亚尼斯（Mr. Yannis Sgouros 希腊）

国际举联总部设在匈牙利的布达佩斯。

亚洲举重联合会

亚洲举重联合会（Asian Weightlifting Federation，AWF）简称亚洲举联，是亚洲管理举重运动的国际组织，于 1958 年在日本东京成立。现有会员协会 26 个。

亚洲举重联合会的宗旨是：促进和发展亚洲举重运动；加强会员协会之间的团结、友谊、了解和合作；决定和监督每年一度的亚洲举重锦标赛。

亚洲举联的最高权力机构是代表大会，每年召开 1 次，在亚洲举重锦标赛期间或亚洲运动会前召开。每个会员协会有 1 票表决权。代表大会闭会期间，亚洲举联的领导机构是执行局。执行局由主席、

亚洲举联标志

秘书长兼司库、4 名副主席、7 名执委组成，由代表大会选出。现任主席是素察（泰国），秘书长兼司库是郭世联（新加坡）。

亚洲举联举办亚洲举重锦标赛，每年 1 次，可单独举办，亦可与东南亚运动会、亚洲运动会或与亚洲举办的其他运动会、锦标赛结合进行。

中国举重协会

中国举重协会（英文全称 Chinese Weightlifting Association，英文简称 CWA）是全国性的举重项目群众体育组织。于 1956 年在北京成立。设有主席、副主席、秘书长兼司库等主要职务。下设训练科研委员会、竞赛技术委员会、新闻委员会、医务委员会等职能部门。中国举重协会主办的重要赛事有全国举重锦标赛、全国青年举重锦标赛、全国少年举重锦标赛、全国举重分龄组锦标赛、全国举重冠军赛等。

中国举重协会是中华全国体育总会的团体会员，其最高权力机构是全国代表大会，全国代表大会是执行机构，秘书处在主席、副主席领导下处理日常工作。其职能主要有：研究制定举重项目发展规划和有关方针政策；负责优秀运动队建设和人才培养；研究制定全国竞赛制度、计划、规划和裁判法，实施全国竞赛的管理，制定竞赛规程，审定运动成绩；组织、指导科学技术研究，进行器材的研制和开发，提高科学训练

水平；开展国际交往和技术交流，参加和组织国际比赛等。中国于1936年加入国际举联，1955年得到国际举联的确认，1958年退出，1974年9月恢复在国际举联的会员资格。

中国国家举重队

中国国家举重队，包括中国女子举重队和中国男子举重队，是中国体育军团的王牌之师，多次在国际大赛上斩金夺银，代表中华人民共和国出战各项国际赛事的举重队，是世界级的垄断型强队，号称举重项目的"梦之队"，又称为"金牌之师"。中国国家举重队尤其是中国女子举重队长期处于世界举坛霸主地位，在2008年北京奥运会上，中国举重队勇夺8枚金牌，成为单届奥运会仅次于中国体操队（9枚金牌）贡献金牌数第二的队伍。

中国举重队自1956年创建，同年6月7日在上海举行的中苏举重友谊赛中，中国运动员陈镜开以133千克的成绩打破56千克级挺举世界纪录，为中国首破纪录。1984年洛杉矶奥运会，中国举重队首次参加奥运会，共获

中国国家举重队

4金2银，曾国强成为中国历史上首位举重奥运冠军。2000年悉尼奥运会上女子举重成为正式比赛项目，中国女子举重队包揽全部4块金牌。此后，女子举重项目也成为中国代表团在奥运会上稳定的冲金点。2008年，北京奥运会举重队共计21人，其中包括运动员10人，官员与教练人员11人。共参加9项比赛，狂揽8金1银。列各国举重项目奖牌榜第一。陈燮霞为中国奥运代表队获得该届奥运会的首枚金牌。截至2012年伦敦奥运会，中国举重队共获得29枚金牌、8枚银牌、4枚铜牌。

重要赛事

举重项目的重大国际比赛间隔期间较长，世界和亚洲锦标赛每年只各有一次，而奥运会，亚运会和全国运动会举重比赛的间隔时间长达四年。除了这些重要的比赛，大部分国家还会有一些规模较小的地区性比赛。地区性比赛可以扩大举重运动的影响，推动群众性举重运动的发展。少年运动员的比赛，主要是对他们体力、技术、意志和作风的锻炼和检验，是某一训练阶段的考核。

国际重要举重赛事有奥运会举重比赛、世界举重锦标赛、世界青年举重锦标赛、亚运会举重比赛和亚洲举重锦标赛。

国内重要举重赛事有全国运动会举重比赛、全国举重锦标赛、全国举重冠军赛、全国青少年运动会举重比赛、全国青年举重锦标赛等。

奥运会举重比赛

从第一届奥运会起就有举重比赛。除早期少数几届奥运会外，奥运会举重比赛一般是以总成绩计算成绩和确定名次的。1973年后，举重比赛取消了推举，只保留抓举和挺举两种举法，同时决定在世界锦标赛中计算单项名次，但奥运会举重比赛仍以两种举法的总成绩确定名次。因此，奥运会举重比赛每个级别只有金、银、铜各1枚。像其他运动项目一样，在奥运会中获得奖牌被认为是最高荣誉。参加奥运会比赛，运动员重视名次和奖牌远胜于重视打破纪录。因为纪录随时可破，而奥运会四年才有一届。目前运动水平已达到很高程度，要在两届奥运会内保持全盛的竞技状态是非常困难的。

世界举重锦标赛

世界举重锦标赛每年举行一次。如值奥运会年，奥运会举重比赛就代替了当年的世界锦标赛。在目前的世界锦标赛上有抓举、挺举、总成绩三个项目的名次，因此每个级别有金、银、铜牌各 3 枚。1976 年国际举联决定，世界锦标赛每个级别取前 10 名，并根据各级别的名次计算团体总分（第一名得 12 分，以下名次分别得 9、8、7、6、5、4、3、2、1 分）。由于目前欧洲举重运动水平整体水平较高，近年来世界举重锦标赛常在欧洲一些城市举行，这样，欧洲举重锦标赛常伴随世界举重锦标赛一起进行，称为"世界暨欧洲举重锦标赛"。

世界青年举重锦标赛

这种比赛是国际举联于 1976 年决定举行的，也是每年一届。运动员的年龄限定在 20 岁以下（包括 20 岁），并设立青年世界纪录。其他规定基本与世界锦标赛相同。

亚运会举重比赛和亚洲举重锦标赛

亚洲运动会也是四年一届，其举重比赛的各种规定基本与奥运会相同。亚洲举重锦标赛每年一届，其他规定与世界锦标赛相一致。

全国运动会举重比赛

我国从 1959 年的第一届全运会开始，就把举重列为正式比赛项目，以后历届全运会均有举重比赛。第三、四、五届全运会的举重比赛办法与奥运会和亚运会的举重比赛不同，仍像锦标赛那样取单项名次。为了与上述国际比赛相一致，从 1987 年第六届全运会开始，改为只以总成绩确定名次。

全国举重锦标赛

全国举重锦标赛是我国每年规模最大的举重比赛。既计个人名次，又根据各队总分计团体名次。

全国举重冠军赛

全国举重冠军赛是计算个人名次的大型全国比赛，也是每年一届。

全国青少年运动会举重比赛

1985 年举行的第一届全国青少年运动会，举重为正式比赛项目，并按年龄分为甲、乙两组，每个级别只按总成绩确定名次。现青运会改为城市运动会，仍设有举重比赛项目。

全国青年举重锦标赛

比赛的各种规定与全国举重锦标赛基本相同，唯有年龄限制在 20 岁以下。

地区和行业间的举重比赛

除了以上赛事外，我国各省、自治区、直辖市还有其相应级别的综合性运动会中的举重比赛，以及举重锦标赛及青少年的各类比赛。工人运动会、农民运动会、军队运动会等也有的把举重列为比赛项目。此外，还有种类繁多的各种规模的比赛，例如达标赛、分区赛、友谊赛、表演赛、通讯赛，以及少年分龄比赛等。

PART 11 礼仪规范

入场礼仪

以奥运会为例，入场时，各运动员是以一种愉悦的心情来参加奥运会的，因此会有一定的随意性，例如，向观众招手、照相留念等。但就礼仪规范来说，对运动员行进姿势还是有一定的要求。

一、行进的要求。行姿属于人的全身性综合运动，届时对运动员总的要求是：轻松、矫健、优美、匀速。

（1）全身伸直，昂首挺胸。在行进中，要面朝前方，双目平视，头部端正，胸部挺起，背部、腰部、膝部要避免弯曲，使全身看上去形成一条直线。

（2）起步前倾，重心在前。在行进中，身体稍稍前倾，全身的重心落在反复交替移动的那只脚的脚掌上。需要注意的是，当前脚落地、后脚离地时，膝盖一定要伸直，踏下脚之后再略微放松，并即刻使自己的重心前移，如此才会显得步态优美。

（3）脚尖前伸，步幅适中。在行进时，向前伸出的那只脚要保持脚尖向前，尽量不要内向或外向。所谓步幅适中，是指行走时保持前脚脚跟和后脚脚尖二者间距离为一脚长。

（4）直线前进，由始至终。在行进时，双脚两侧走出的轨迹，应尽量呈现为一条直线，与此同时，要避免身体在行进过程中的左摇右摆。

（5）双肩平稳，两臂摆动。在行进中，双肩、双臂要自然，切忌过于僵硬呆板。双臂应一前一后地、有节奏地自然摆动，摆动的幅度以30度为佳。

（6）全身协调，匀速前进。在行进时，大体上在某一个阶段中速度要均匀，要有节奏感。

二、在行进中也会有一些禁忌。按照礼仪规范，运动员在行进中有一些基本的禁忌。如果不注意，就会造成失礼。一般而言，禁忌主要有四：

（1）方向不确定。在行走过程中，应保持平直的行进路线，不应左右不定。

（2）瞻前顾后。行走过程中，不应左顾右盼，尤其不应回头来注视身后。

（3）速度多变。应保持匀速行进，不应忽快忽慢。

（4）八字步态。行走过程中，脚尖内向或者外向，就会形成所谓的"内八字"、"外八字"。这些步态都很难看，故应尽量避免。

赛前礼仪

比赛开始前后的各项仪式中，运动员站立的姿势是其良好精神面貌的具体体现，是十分重要的。

对于运动员来讲，其站姿的基本要求是：头端，肩平，胸挺，腹收，身正，手垂。在涉及具体要求时，男女运动员又略有不同，其要点如下：

一、男运动员的站姿。

一般而言，男运动员在站立时，要双脚平行，大致与肩同宽，最好间距不超过一脚之宽。并应全身正直，双肩稍稍向后展，头部抬起。

二、女运动员的站姿。

女运动员站立时，应当挺胸，收颔，目视前方。在站立之时，女子可以将重心置于某一脚上，即一脚伸直，另一条腿则略微前伸或者弯曲，或者双脚脚跟并拢，脚尖分开，张开的脚尖大约相距 10 厘米，张角约为 45 度，呈现"V"形。

三、站姿的禁忌。站立时，运动员的禁忌有三。

（1）全身不够端正。站立时强调身体要端正，尽量避免头歪、肩斜、臂曲、胸凹、腹凸、背弓、臀翘、膝屈。

（2）双脚叉开过大。如果站立过久，允许稍微调整一下，即双脚可适当叉开一些，但出于美观的考虑，切勿叉开过大，尤其是女性更要谨记。

（3）双脚随意乱动。在站立时，双脚要老实规矩，不可肆意乱动。

领奖礼仪

颁奖仪式，在此是指一项比赛结束后，为获得冠、亚、季军的优秀运动员或运动队颁发金、银、铜牌的具体程序。

举重颁奖

举行比较高级别的运动会的颁奖仪式时，通常都设置阶梯形领奖台。届时冠军站在中间最高的一级台阶上，亚军站在冠军右侧较低的一级台阶上，季军站在冠军左侧更低的一级台阶上。

在国际比赛当中，一般在颁奖仪式中奏冠军所在国家的国歌，并同时升冠、亚、季军三国国旗。其中冠军国国旗居中，位置最高；亚军国国旗居右，位置次之；季军国国旗居左，位置最低。此处所言左中右是指就国旗自身而言，而不是从观众视角看上去的左中右。

在颁奖仪式上，获奖的运动员在嘉宾为自己颁发奖牌时，需注意以下几点：

一、颁奖程序。获得冠军、亚军、季军的参赛运动员，应身着正式服装或运动服登上领奖台，并面向官员席。

二、基本礼节。在国际级别的运动会上，颁奖嘉宾和运动员都会互相致意。此刻所通行的礼节有二：

（1）拥抱礼。在西方，特别是在欧美国家，拥抱是十分常见的一种礼节。如今在奥运会颁奖仪式上，颁奖嘉宾为运动员颁奖之后，相互都会习惯性地行拥抱礼。正规的拥抱礼通常应为：双方面对面站立，各自举起右臂，将右手搭在对方左肩后面，同时左臂下垂，左手扶住对方右腰后侧。

（2）亲吻礼。亲吻礼也是奥运颁奖仪式上常见的礼节之一，它往往会与拥抱礼同时采用。即双方既拥抱又亲吻。行亲吻礼，通常以自己的唇部接触对方的面部，但忌讳发出亲吻的声音，而且不应当将唾液弄到对方脸上。

除了向嘉宾致意之外，运动员还应该向观众致意，以示感谢。

在颁奖仪式上，赛会方在介绍冠、亚、季军以及升旗仪式时，观众应保持安静。在介绍完获奖运动员或者升旗仪式之后，则可以尽情地欢呼和鼓掌。

握手礼仪

握手是通用的一种礼节，也是在国际上所广泛使用的致意方式。在各种运动会比赛前后，在运动员和运动员之间、运动员和裁判员之间、运动员和嘉宾之间都常常会行握手礼。

在行握手礼时，动作、方式、顺序、表情等都有所讲究。总的来说，有以下三点值得注意。

一、讲究方式。在行握手礼时，双方均应该保持站立，并迎向对方，坐者此刻则应该起立。在伸手与他人相握时，手掌应垂直于地面，以右手与对方右手相握。握手时，应该稍许用力，上下晃动几次，并且停留两三秒钟。在与男士握手时，力度应该较与女士握手时大，并且应该握住全部手掌。与女士握手时，则不宜过紧，并且只需轻轻握住手掌的前部和手指。在握手的过程中，要注视对方的眼睛，不能"目中无人"。并应同时面带微笑，伴以简单的问候语。

二、注意顺序。握手时，讲究"尊者居前"，即应该由双方中地位较高的的一方先伸手。在女士和男士握手时，应该由女士先伸手。在运动员与裁判员或者嘉宾握手时，一般是裁判员或者嘉宾先伸手。在东道主运动员与其他国家的运动员握手时，应由东道主运动员先伸手，以表示欢迎。在与多人握手时，则应该遵循"由尊而卑"或者"由近而远"的顺序。

三、避免犯忌。握手时的禁忌包括以下五点：

（1）不宜用左手与人握手。用左手与人握手是极不礼貌的行为，握手只能用右手。

（2）不宜用双手与异性握手。与异性握手，只能用单手轻握的方式。

（3）不宜与多人交叉握手。在与多人握手时，应该依次进行，不能交叉握手。

（4）不宜戴着墨镜与人握手。

（5）不宜戴着手套与人握手。在某些戴手套的运动项目中，运动员应该先脱掉手套再与人握手。

观赛礼仪

观众在欢迎运动员入场时，应该做到一视同仁，不论其来自哪个国家或地区，都应该报以掌声，不能只为自己熟悉、喜爱或者自己国家的运动员鼓掌。对于自己所熟悉、喜爱和自己国家的运动员，则可以采取更强烈的表达方式，如起立鼓掌、呼喊其名字，或长时间鼓掌，以示特别支持。对于来自任何国家和地区的运动员，都不能有歧视，更不应该有侮辱性的语言或举动。

同时，观众在观赛时，应该根据举重比赛的特点，配合运动员的节奏，尽量不要影响到运动员的水平发挥。

![全民阅读 体育知识读本 QUANMIN YUEDU TIYU ZHISHI DUBEN]

PART 12 明星花絮

吴数德

1979年11月，第33届世界举重锦标赛在希腊萨洛尼卡举行，39个国家的运动员参加了角逐。11月2日，中国运动员吴数德在52千克级比赛的第三次试举中，以110千克的抓举成绩，战胜了被称为"常胜将军"的第21届奥运会冠军、世界纪录保持者苏联选手阿·沃罗宁，成为我国第一个登上世界冠军领奖台的举重运动员。

吴数德

吴数德，广西壮族自治区人。曾6次刷新青年举重世界纪录。他在成为中国的第一个世界举重冠军后，又3次打破抓举世界纪录。第一次在1980年4月南宁的全国举重锦标赛上，以112千克的成绩打破了52千克级抓举世界纪录；第二次在1981年8月日本名古屋第13届亚洲举重锦标赛中，以126.5千克的成绩打破了古巴运动员丹·努涅斯保持的56千克级抓举世界纪录；第三次在1983年8月上海的第5届全运会上，又以128千克的成绩刷新了苏联选手奥·米尔佐扬创造的 127.5 千克的世界纪录。从 1978 年到 1983 年，吴数德的抓举成绩平均每年增长 3.75 千克。

主要成绩：

1978 年

全国举重比赛冠军

雅典举行的第四届世界（和欧洲）青年举重锦标赛 52 千克级抓举冠军

1979 年

第三十三届世界举重锦标赛中获得 52 千克级抓举冠军

第五届世界青年举重锦标赛冠军

第四届全国运动会冠军

1980 年

全国举重锦标赛中抓举和总成绩两项冠军

檀香山国际举重赛亚军

1981 年

第十三届亚洲举重锦标赛 56 千克总成绩冠军（260 千克）

世界举重锦标赛中 56 千克级抓举第三名和总成绩第 5 名

1982 年

第九届亚洲运动会举重比赛 56 千克级总成绩冠军，以 122.5 千克获抓举第一名，两项成绩均破亚运会纪录

1983 年

第五届全国运动会 56 千克级抓举冠军，破世界纪录

1984 年

洛杉矶第二十三届奥运会举重 56 千克级总成绩冠军

石智勇

石智勇，福建龙岩人，中国著名举重运动员，2000 年被国际举重

石智勇

联合会授予最佳运动员奖，男子举重 62 千克级抓举世界纪录保持者，2004 年雅典奥运会男子 62 千克级的金牌得主。

石智勇出生在福建省龙岩市一个普通工人的家庭，由于家境清贫，幼年的石智勇就希望自己能早日自立，有所成就，以减轻父母的负担。9 岁时，在叔叔的鼓励下，他进入龙岩市新罗区举重体校开始练习举重。13 岁时，石智勇被选入福建省体校。石智勇训练刻苦，并且对举重运动有着良好的领悟，凭着自己的天赋和后天努力，石智勇的成绩进步非常快，15 岁时，入选福建省队深造，仅仅两年后就被选入国家队，并很快崭露头角。

1997 年 5 月，石智勇第 23 届世界青年举重锦标赛上夺得 3 项冠军，接着又于 10 月在第八届全国运动会上夺得亚军，显示出了非凡的实力。2000 年 7 月，他参加了在美国举行的第 25 届世界青年男子举重锦标赛，被国际举重联合会授予最佳运动员奖称号。那时大家都认为 2000 年悉尼奥运会冠军一定非石智勇莫属，因为在悉尼奥运之前，石智勇已经创出抓举 160 千克、挺举 180 千克的好成绩，而这个成绩在 2000 年奥运会上是铁定的冠军。

然而，让许多人倍感遗憾的是，石智勇由于过度的训练而导致伤病，竟然无法参加 2000 年悉尼奥运会。石智勇眼睁睁看着自己努力奋斗的梦想在快要实现时突然破碎，他无法接受这个事实。然而，在家人和教练帮助下，石智勇逐渐恢复了信心，走出了人生低谷，并重新抓起了杠铃。

经历了磨难和挫折，石智勇逐渐成长为真正成熟的举重健将，并接连在第 9 届全国运动会、亚锦赛等一系列大赛中取得优异成绩。2004 年 8 月 17 日凌晨 2 时半，在雅典尼凯亚举重馆里，石智勇奋勇拼搏，力发千钧，依靠强大的实力战胜对手，夺得男子 62 千克级冠军，为中国举重队摘取雅典奥运会首枚金牌，石智勇也终于实现一直以来的梦想。

2008 年 5 月 11 日北京奥运会圣火传递福州站最后一棒火炬手、2004 年雅典奥运会男子举重 62 千克级冠军石智勇高擎火炬，跑进望龙台公园庆典现场，点燃圣火盆。

主要成绩：

1997 年

世青赛 59 千克级抓举/挺举/总成绩冠军

全运会 59 千克级总成绩亚军

1999 年

世青赛 62 千克级抓举冠军、挺举亚军、总成绩冠军

1999 年

世界举重锦标赛 62 千克级抓举冠军

2000 年

亚洲举重锦标赛 62 千克级总成绩冠军

2003 年

世锦赛 62 千克级抓举亚军，挺举第三，总成绩亚军

2004 年

雅典奥运会男子举重 62 千克级冠军，成绩是 325 千克

2006 年

世锦赛 69 千克级抓举冠军、挺举第三、总成绩亚军

2007 年

世锦赛 69 千克级抓举冠军、挺举第五、总成绩亚军

乐茂盛

乐茂盛出生在湖南永州市宁远县城郊区的一个普通农民家庭。在他

乐茂盛

小的时候，并没有显露出特别的运动天赋，唯一特别的就是腿劲特别大，两个月大时，父亲乐绍忠抱着他时，小家伙的双腿就动个不停。两岁左右时，因为父母忙于劳动，乐茂盛就单独跟别人家的孩子一起玩耍。小孩子在一起玩总会打打闹闹，小孩子如果受到比自己强壮的孩子的欺负，常常不敢做声，惟独茂盛不一样。只要是有人打他，不管对方比他大多少，他一点也不示弱，一定要追上去和对方较量一番，而且不赢决不罢休。上小学一二年级时，乐茂盛见到同班同学被高年级同学欺负，总要上去帮忙，为被欺负的伙伴们出气。小小的乐茂盛受到同学们的喜爱与尊重，正义与力量是他的原则。

乐茂盛小时候学习成绩一般，成天就在外面玩耍，还经常惹事。6岁时，父亲曾经问他长大了想干什么？乐茂盛说只想学"功夫"。当时，父亲并未放在心上，乐茂盛却为了这个小小的理想而锻炼出了结实的身体。9岁时，乐茂盛的哥哥乐春茂被选拔到宁远县体校田径队锻炼。回家后，乐春茂经常跟茂盛说起锻炼中的一些趣事，乐茂盛非常羡慕。不久，宁远县体校的老师们到下面的小学选拔合适的体育苗子。而一心想去体育学校学"功夫"的茂盛在那天却刚好到外面玩去了，就这样，茂盛与体校差一点失之交臂。可是哥哥相信弟弟的素质非常好，就建议爸爸带弟弟去体校试试。

果然不出所料，宁远县体校的邱主任见到乐茂盛的第一眼就非常惊讶，并奇怪之前前往学校选拔苗子时，怎么就没有挑上他。乐茂盛当即被宁远县体校留了下来，经过在宁远县体校的训练，乐茂盛的举重的天赋开始显露出来。

凭着自己的优异成绩，11岁则进入湖南省体工大队举重队。经过努力，1997年乐茂盛刚出道就夺得八运会男子举重59千克级冠军，总成绩破了世界纪录，1998 年入选国家队。1999 年的希腊世界锦标赛，乐茂盛并不被看好，但他却战胜了包括中国名将石智勇、上届世锦赛三项冠军、东道主希腊选手萨巴尼斯等高手，摘走了 62 千克级挺举和总成绩两枚金牌，并以 180.5 千克打破该级别世界挺举纪录。2002 年 10 月，乐茂盛在第 14 届釜山亚运会上以 182.5 千克的成绩打破男子举重 62 千克级挺举世界纪录，并以 322.5 千克的总成绩获得金牌；11 月，他又在第 72 届世界男子举重锦标赛上获得 62 千克级抓举冠军、挺举第三名和总成绩亚军。

2006 年乐茂盛正式退役，后出任湖南举重队领队。

主要成绩：

1997 年

第 8 届全运会 59 千克级总成绩冠军

1998 年

曼谷亚运会 59 千克级总成绩冠军

1999 年

世界举重锦标赛 62 千克级挺举／总成绩两项冠军

2000 年

亚洲锦标赛 62 千克级挺举冠军

2000 年

悉尼奥运会 62 千克级总成绩第四

2001 年

第 9 届全运会 62 千克级总成绩亚军

2002 年

全国锦标赛 62 千克级总成绩冠军

2002 年

釜山亚运会 62 千克级总成绩冠军

2002 年

世界男子举重锦标赛 62 千克级抓举冠军

2003 年

世界举重锦标赛 62 千克级总成绩第四

2004 年
雅典奥运会男子 62 千克级银牌
2005 年
十运会男子 62 千克级第四

张国政

张国政籍贯福建仙游，是我国著名的举重运动员，2004 年雅典奥运会 69 千克级冠军。1999 年初进入国家队时已经 24 岁，28 岁夺得自己的第一个世界冠军，30 岁获得奥运会冠军，属于少数大器晚成型的举重运动员。

1985 年，小学 4 年级的张国政因为"精力过于旺盛"被家人送去练举重，开始时，大强度的训练让他和队友非常吃不消。没过多久，一起训练的 20 多个小伙伴几乎"跑光光"，张国政也瞒着家人和教练偷偷逃跑，直到第五天又被抓了回去。

定下心来训练的张国政开始初露锋芒，陆续拿到福建省少年赛冠军、全国少年赛第二名。然而，训练影响了学业，父母决定让他放弃举重。正在这时，他收到了北京体育大学竞技体校发来的接收函。"亦读亦训"的培养模式打动了他的父母，张国政的举重之路得以柳暗花明。

张国政

1993 年，即将参加第七届全运会的张国政在赛前意外受伤。他不顾医生的手术建议，含泪站到赛场，结果让人失望，也在意料之中。不久，张国政以优异成绩考取北京体育大学，大学开学后，他开始了宿舍、教室、食堂三点一线的生活，训练几乎停顿。

然而张国政的老教练始终对他报有信心，他认为张国政还有很大的潜力可挖，于是为张国政联系了云南举重队。张国政一边读书，一边训练。经过坚苦的努力，终于在第八届全运会上拿到第三名。

　　毕业后，由于种种原因，张国政离开北京，到云南体重队当教练。

　　1999 年 1 月 8 日，25 岁的张国政到国家队报到。当时在队里，他的同龄人都已名扬天下，剩下的都是十六七岁的年轻运动员。

　　为了这来之不易的机会，张国政拼命练习，每天最早来、最晚走。然而两个月后，他在训练中腰部受伤，被要求卧床 4 个月。

　　张国政决定冒险，试着用肌肉当"夹板"支撑腰部。以坚忍的毅力克服伤病，终于渐渐渡过难关。

　　2000 年，张国政在悉尼奥运会上取得第四名，这对他来讲是一个巨大的刺激。从 2001 年起，张国政在比赛中再也没拿过第二名。2004 年雅典奥运会，他终于站上了冠军领奖台。

　　2007 年 9 月 19 日，在清迈世界举重锦标赛上，张国政重返举坛，以 33 岁"高龄"再次称霸世界。分别在男子 69 千克级比赛中以 192 千克和 347 千克的成绩获得了挺举和总成绩两项冠军。

　　2008 年，34 岁的张国政意外落选，张国政回到学校，竞聘担任了北京体育大学竞技体校副校长。

　　主要成绩：

2000 年

悉尼奥运会 69 千克级总成绩第四

2001 年

第 9 届全运会 69 千克级抓举、挺举、总成绩冠军

2002 年

釜山亚运会 69 千克级抓举、挺举、总成绩冠军

2002 年

世界举重锦标赛 69 千克级抓举、挺举、总成绩冠军

2003 年

亚洲举重锦标赛 69 千克级抓举、挺举、总成绩冠军

2003 年

世界举重锦标赛 69 千克级抓举、挺举、总成绩冠军

2004 年

雅典奥运会 69 千克级金牌

2007 年

世界举重锦标赛男子 69 千克级挺举和总成绩冠军

刘春红

刘春红 1983 年 1 月 29 日生于山东烟台，11 岁时被业余体校的教练选中，进入体校参加训练。

刘春红一开始练的是柔道，成绩不错。作为有希望的苗子，她被送到烟台市体校，可到了那儿，教练认为她的特点更适合练习举重，从此刘春红就走进举重馆，开始了不平凡的举重运动生涯。

1998 年，山东省队教练马文辉偶然见到了刘春红，认定她是一棵好苗子，马上向烟台队提出将刘春红调到省队，尽管烟台队却不愿意放人，最终还是在马文辉的努力下进入山东省举重队。

刘春红

经过在省队的训练，刘春红开始在各级比赛中崭露头角，从 2001 年的全运会冠军、2002 年亚运会总成绩冠军直至去年世锦赛冠军和之后的亚锦赛冠军，再到奥运会冠军，刘春红如同势不可挡的旋风刮遍整个举坛。

在雅典奥运会上，19 岁的刘春红几乎是不可战胜的，女子 69 千克级金牌以及世界纪录都被她轻轻松松收入囊

中。唯一的对手、泰国人通成甚至选择了"升级"来避开这个强大的敌手。在雅典奥运会前后,她更是包揽了三届世锦赛冠军。

2006 年世锦赛是刘春红命运的转折点。在比赛中,她的肘部突然受伤,不得不中途退出比赛,然后她又放弃了多哈亚运会。此后的近一年时间,她就是在北京疗伤、恢复、训练。她曾经很委屈地对自己的教练马文辉说:我现在都忘记比赛的感觉了。

就在刘春红恶补"比赛感觉"时,新人斯里文科横空出世,她先后在 2006 年世青赛和世锦赛上分别拿下银牌和金牌。随后,这个俄罗斯举重高手又在 2007 年泰国清迈世锦赛上击败复出不久的刘春红,而且,她还很"挑衅"地打破了刘春红拥有的世界纪录。

2007 年世锦赛是刘春红的伤愈复出之战,她对自己最终的银牌很满意,她说:"找回比赛的感觉远比赢得金牌更重要。"而中国队教练组则认为,刘春红在备战奥运会的过程中,一定要按照自己的节奏进行训练和调整,至于能否拿下世锦赛或是别的比赛的金牌,并非她的首要任务。

2008 年北京奥运会上,刘春红参加女子举重 69 千克级比赛项目,在试举中两破世界记录,以绝对优势获得冠军,为中国体育代表团轻松拿下第 17 枚金牌。并以 128 千克、158 千克、286 千克的成绩轻松打破女子举重 69 千克级抓举、挺举和总成绩的世界纪录。

2008 年作为山东省举重摔跤柔道运动管理中心运动员兼教练的刘春红光荣当选第十一届全国人民代表大会代表。2008 年 12 月荣获第 19 届"中国十大杰出青年"称号。

主要成绩:

2001 年

第 9 届全运会 69 千克级抓举/挺举/总成绩冠军

2002 年

釜山亚运会 69 千克级总成绩冠军

2003 年

世界锦标赛 69 千克级抓举/挺举/总成绩冠军

2003 年

亚洲锦标赛 69 千克级抓举/挺举/总成绩冠军

2004 年

亚洲锦标赛 69 千克级抓举/挺举/总成绩冠军

2004 年

雅典奥运会金牌

2006 年

全国女子举重锦标赛女子 75 千克级比赛中包揽抓举、挺举和总成绩的 3 块金牌

2006 年

举重世锦赛（多米尼加）在女子 69 千克级比赛银牌

2007 年

世界举重锦标赛女子 69 千克级抓举冠军，并获得总成绩亚军和挺举亚军

2008 年

北京奥运会金牌

2009 年

十运会女子 69 千克级举重金牌

2010 年

广州亚运会女子举重 69 千克级举重冠军

周璐璐

周璐璐 1988 年 3 月 19 日出生于山东烟台。1999 年 10 月入选烟台市牟平区竞技体校举重队，从事专项训练三年；2001 年输送到烟台市体校，师从于向东教练员；2003 年输送到山东省女子举重队，师从杨志俊教练员。曾获 2007 年全国城市运动会亚军，2007 年亚洲青年锦标赛冠军，2008 年全国举重锦标赛第四名，2009 年第十一届全国运动会亚军，并打破抓举全国记录超 3 千克，超世界记录 5 千克。

2009 年十一届全运会女子举重 75 千克以上级比赛中，代表解放军

出战的周璐璐以 323 千克获得亚军，并
超这个级别的抓举世界纪录。

　　在首先进行的抓举比赛中，夺冠热
门穆爽爽第一次试举 135 千克就宣告失
败。周璐璐在大多数选手完成比赛后才
出场，一鸣惊人地抓起 140 千克的开把
重量。之后周璐璐越战越勇，第三次抓
起 148 千克，并取得抓举第一，这个重
量也超过 140 千克的世界纪录。

　　2011 年 11 月 13 日，举重世锦赛在
法国巴黎进入到最后一个比赛日。在女
子 75 千克以上级 A 组决赛中，首次参
赛的中国选手周璐璐以 182 千克和 328

周璐璐

千克获得挺举和总成绩两枚金牌，其中总成绩 328 千克打破了卡什丽娜
保持的世界纪录。抓举金牌被俄罗斯名将卡什丽娜以 147 千克夺走，周
璐璐以 146 千克获得一枚银牌。

　　在这场比赛的抓举比赛中，周璐璐的开把要了 135 千克，轻松举
起；第二把周璐璐将重量增加到 143 千克，仍旧轻松过关；第三把，周
璐璐选择了 146 千克，竞技状态极佳的她仍然不显费力地将杠铃高高举
起，这样周璐璐的抓举成绩为 146 千克。

　　挺举比赛中，周璐璐开把 173 千克取得成功，第二把周璐璐冲击
181 千克，虽然上送动作中有些小瑕疵，但经过及时调整，最终成功，
此时她的总成绩已经达到 327 千克，平了世界纪录；第三把周璐璐选择
了 182 千克，最终征服这一重量，将挺举成绩定格在 182 千克，总成绩
328 千克，打破卡什丽娜保持的 327 千克的世界纪录。

　　2012 年 8 月 5 日，伦敦奥运会女子举重 75 千克以上级的比赛中，
代表中国出战的周璐璐在抓举比赛中落后俄罗斯选手卡什丽娜 5 千克，
但是凭借挺举比赛中的出色发挥一举将总成绩世界记录提高 5 千克的绝
对优势成功逆转，夺得中国举重队在本届奥运会上的第 5 枚金牌，同时
也是中国代表团的第 29 枚金牌。

周璐璐倒数第二个出场，此时除了卡什丽娜，其他 12 名参赛选手都已经结束抓举比赛。她开把要了 142 千克，稳稳将杠铃举起，率先打破了奥运会纪录。21 岁的卡什丽娜第一把举起了 144 千克，再破奥运纪录。周璐璐第二把要了 146 千克，不过没有成功。她接着第三次抓举同样的重量，成功举起并再破奥运会纪录。卡什丽娜第二把抓举挑战 149 千克的世界纪录成功，第三把她举起 151 千克，再次刷新世界纪录。

因为体重重于对手，周璐璐在随后的挺举比赛中必须超过卡什利娜 6 千克才能夺冠。

卡什丽娜挺举第一把要了 175 千克，举起后占得先机。周璐璐必须多出对手 6 千克，所以第一把要了 181 千克，成功举起后，她以 327 千克的总成绩也打破了奥运会纪录。卡什丽娜随后也举起了 181 千克，打破世界纪录并重新占据头名位置。背水一战的周璐璐只得冲击 187 千克，她再次成功举起，抓举成绩追平世界纪录，333 千克的总成绩刷新世界纪录。

重要成绩：

2007 年 全国城市运动会亚军

2007 年 亚洲青年锦标赛冠军

2008 年 全国举重锦标赛第四名

2009 年 第十一届全运会女子举重 75KG 以上级亚军。

2010 年 南京全国女子举重锦标赛 75 千克以上级总成绩冠军。

2011 年 亚洲举重锦标赛女子 75 千克以上级抓举冠军。

2011 年 山东临沂全国女子举重冠军赛 75 千克以上级抓举冠军

2011 年 全国女子举重冠军赛 75 千克以上级挺举亚军

2011 年 全国女子举重冠军赛 75 千克以上级总成绩冠军

2011 年 世界举重锦标赛女子 75 千克以上级抓举亚军（146 千克）

2011 年 世界举重锦标赛女子 75 千克以上级挺举冠军（182 千克）

2011 年 世界举重锦标赛女子 75 千克以上级总成绩冠军（328 千克，破世界记录）

2012 年 伦敦奥林匹克运动会 75 千克以上级冠军并打破世界纪录

（3333 千克）

塔伊兰

努尔詹·塔伊兰是土耳其举重运动员，是第一位赢得奥运金牌的土耳其女运动员。

塔伊兰 1983 年 10 月生于土耳其，2003 年，年仅 21 岁的塔伊兰在温哥华举重世锦赛上，以 187.5 千克名列 48 千克级总成绩第三，然而塔伊兰在这次比赛中并未发挥出真正的实力，仅仅一年之后，在 2004 年雅典奥运会上，她突然露出了"庐山真面目"，在女子 48 千克级比赛中，塔伊兰如有神助，硬生生地以 210 千克的成绩，夺走了中国队计划内的金牌。由此中国举重队对这位老对手高度重视，几年来一直把她作为主要假想敌之一。但 2004 年以后，塔伊兰又变成了世界二流。她很少参加世界大赛，即使参加成绩也与中国选手相差甚远。

2007 年世锦赛，塔伊兰大失水准，抓举仅以 85 千克的成绩获得铜牌，挺举更是三次试举 100 千克失败，连比赛成绩都没有。赛后，塔伊兰更是一人径直离开赛场。据透露，塔伊兰伤病严重，所以影响了发挥。但这一幕，曾经在雅典奥运会上演过。

2008 年 4 月在意大利举行的欧锦赛上，她夺冠的总成绩不过 196 千克。同年北京奥运会，塔伊兰连续三次试举失败，这位老将深深亲吻了举重台，向台下挥了挥手，结束北京奥运会征程。

2009 年，塔伊兰又一次踏上征程，参加了举重世界锦标赛，抓举她

塔伊兰

塔伊兰吻别杠铃

仅成功开把90千克，获得抓举银牌，挺举中她举起了115千克，这是她的挺举最好成绩，最终塔伊兰仅获得抓举银牌、挺举银牌、总成绩铜牌的成绩。如果这时认为塔伊兰的举重运动生涯开始衰落就大错特错了，2010年欧洲锦标赛，塔伊兰再次创造辉煌，以抓举90千克挺举118千克摘得欧锦赛冠军，同年世界举重锦标赛以抓举93千克挺举121千克总成绩214千克摘下三金，打破了由中国选手陈燮霞保持的120千克的世界纪录。

主要成绩：

2004年

雅典奥运会冠军，打破当时的世界纪录

2007年

世界举重锦标赛抓举铜牌

欧洲举重锦标赛抓举铜牌，挺举和总成绩银牌

2008年

欧洲举重锦标赛抓举和挺举银牌，总成绩金牌

2009年

世界举重锦标赛抓举银牌，挺举银牌，总成绩铜牌

2010年

欧洲举重锦标赛抓举挺举总成绩三项冠军

世界举重锦标赛抓举挺举总成绩三项冠军，破挺举世界纪录

2011年

欧洲举重锦标赛抓举、挺举和总分金牌

波多贝多娃

波多贝多娃 1986 生于哈萨克斯坦，是国际著名女子举重选手，在 2009 年举重世界锦标赛中，以抓举 132 千克，挺举 160 千克和总成绩 292 千克获得三项冠军，并打破三项世界纪录。

2006 年举重世界青年锦标赛继续在杭州黄龙体育中心进行。俄罗斯姑娘波多贝多娃在女子 75 千克级中表现尤为抢眼，凭借最后一把挺举 158 千克的重量打破了该级别总成绩的世界纪录。波多贝多娃先以 128 千克拿下抓举金牌，挺举中再接再厉，在完成 150 千克的开把重量后，第二把的重量直升至 158 千克，但因呼吸不畅原因没有获得成功，第三把试举成功，使她的总成绩达到 286 千克，比中国举重选手刘春红在 2005 世锦赛上创下的世界纪录多出了 1 千克。最终波多贝多娃包揽了这一级别的三枚金牌。

2009 年 11 月，在韩国高阳举重世界锦标赛中，波多贝多娃以抓举 132 千克、挺举 160 千克和总成绩 292 千克获得三项冠军，并打破三项世界纪录。在抓举比赛中，波多贝多娃用 125 千克开把，成功举起后她稳获抓举金牌，之后她试举 128 千克也成功了，第三次试举，她的教练将重量加到了 132 千克，成功举起后将世界纪录提高了一千克。在挺举中，波多贝多娃最后一次试举，她将重量加到了 160 千克，这个重量对于她太困难，翻站很吃力，但是她坚决地上挺，成功地举起了 160 千克，这样波多贝多娃在这次比赛中四次打破世界纪录。

波多贝多娃

2010 年 9 月 23 日，在世界举重锦标赛女子 75 千克级比赛中，最后一场上只剩下波多贝多娃和另外两名俄罗斯选手进行争夺。扎波洛特纳表现不俗，开把重量就要了 128 千克，虽然重量第一，但随后出场的波多贝多娃气定神闲，轻松就将 125 千克举起，紧接着又将 130 千克拿下。扎波洛特纳亚第二把要了 133 千克，没有成功。不过，第三把扎波洛特纳亚没有放弃，稳稳地将杠铃举过头顶，新纪录诞生。眼看着自己的抓举纪录被人改写，波多贝多娃最后一把直接要了 134 千克，没想到的是，她也成功了！前后不到两分钟，抓举的世界纪录就被连续刷新。

在挺举比赛中，波多贝多娃继续与扎波洛特纳亚进行抗衡。扎波洛特纳亚在第二把成功举起 160 千克后，挺举和总成绩的世界纪录又被打破，而波多贝多娃也不甘示弱，在干净利落的举起 161 千克后，再次刷新了挺举和总成绩的世界纪录。

主要成绩：

2003 年

世界举重锦标赛 75 千克级第 12 名（230.0 千克）

2004 年

欧洲举重锦标赛 75 千克级冠军（250.0 千克）

世界青年举重锦标赛 75 千克级亚军（257.5 千克）

2006 年

世界青年锦标赛冠军，抓举 128 千克，挺举 158 千克，并打破总成绩（286 千克）世界记录

2009 年

亚洲举重锦标赛抓举 130 千克，挺举 150 千克，总成绩 280 千克获得 3 项冠军

世界举重锦标赛，抓举 132 千克、挺举 160 千克、总成绩 292 千克三项冠军，并打破三项世界纪录

2010 年

哈萨克斯坦举重锦标赛 75 千克以上级三项冠军 抓举 135 千克挺举 163 千克 总成绩 298 千克

世界举重锦标赛抓举挺举总成绩三项冠军，并以抓举 134 千克 挺

举 161 千克 总成绩 295 千克打破女子 75 千克级三项世界纪录

广州亚运会女子 75 千克级冠军 287 千克

2011 年

巴黎世界锦标赛抓举冠军（131 千克）

巴黎世界锦标赛挺举亚军（156 千克）

巴黎世界锦标赛总成绩亚军（287 千克）

拉扎扎德

拉扎扎德是伊朗阿塞拜疆族人，被称为"伊朗的赫拉克勒斯"、"世界上最强壮的人"，曾经同时保持着举重超重量级抓举、挺举和总成绩的三项世界纪录，他是首位获得两枚奥运金牌的伊朗运动员。拉扎扎德在 2000 年悉尼奥运会中创造了许多惊喜，拉扎扎德是自 1960 年罗马奥运会以来，在未受抵制的奥运会上，首位在 105 千克以上级别项目中取得金牌的非苏联或俄罗斯籍的运动员，他打破了俄罗斯人对该项目自苏联时代就开始的长达数十年的垄断。

拉扎扎德

此后他在一系列比赛中打破自己保持的世界纪录，在 2004 年雅典奥运会上，拉扎扎德在挺举中抓起了 263.5 千克的重量，再次打破世界纪录，并以 472.5 千克的总成绩，超过银牌得主维克托斯·谢尔蒂斯 17.5 千克的绝对优势蝉联了奥运金牌。他也以此入选了世纪最佳举重运动员。

拉扎扎德从 1990 年代中期至 2000 年代中期统治着超重量级举重近十年，几乎没有受到任何挑战。尽管他在自己的职业生涯中未受到较强劲的对抗，但是他依然未能打破国际举重联合会的各项举重纪录，抓举216.0千克（安东尼奥·克拉斯特耶夫，1987年）、挺举266.0千克（莱昂尼德·塔拉年科，1988年）和总成绩475.0千克（塔拉年科，1988年）。尽管他们的成绩都超过了拉扎扎德，但是由于国际举联调整了重量级别，且成绩都是在无药检时代取得的，所以所创造的世界纪录都未能得到官方的认可，但是这些依然是人类举重史上所能举起的最高重量。国际举重联合会在1997年调整重量级别后，拉扎扎德先后于2000年奥运及2004年奥运打破男子105千克以上级总成绩及挺举的世界纪录，2003年于中国秦皇岛打破抓举的世界纪录，与土耳其运动员哈利勒·穆特鲁一起是唯一两名同时保持抓举，挺举和总成绩的三项世界纪录的举重运动员。

在2008年北京奥运会前，他接受了他的私人医生的建议，放弃了参加北京奥运会的机会，拉扎扎德将这一决定以公开信的方式通过伊朗国家电视台向公众发布。一天之后，他在写给公众的第二份公开信中宣布自己正式退役。他说："我坚定不移地相信，我的同胞们能够继承我所取得的成就，我也希望我的儿子阿布法兹尔能够在未来打破我的纪录。"

退役后的拉扎扎德成为了伊朗国家举重联合会的首席指导。2008年9月，拉扎扎德成为伊朗国家举重队的主教练，带领伊朗举重选手继续征战世界举坛。

2011年11月，伊朗运动员贝赫达德·萨利米－库尔达西亚比以214千克成绩打破拉扎扎德保持8年的抓举世界纪录。拉扎扎德至今仍保持挺举和总成绩两项世界纪录。

主要成绩：

2000年

悉尼奥运会金牌，创抓举和总成绩两项世界纪录

2002年

釜山亚运会金牌，破总成绩亚洲纪录

2004年

雅典奥运会金牌

2006年

举重世锦赛冠军

PART 13 历史档案

男子举重世界纪录

级别	项目	纪录	创造人	国籍	详细说明
56 千克级	抓举	138 kg	穆特鲁	土耳其	2001 年 11 月 4 日 安塔利亚 第 71 届世界男子举重锦标赛
	挺举	168 kg	穆特鲁	土耳其	2001 年 4 月 24 日 特伦钦 第 80 届欧洲举重锦标赛
	总成绩	305 kg	穆特鲁	土耳其	2000 年 9 月 16 日 悉尼 悉尼第 27 届奥运会
62 千克级	抓举	153 kg	石智勇	中国	2002 年 6 月 28 日 伊兹密尔 世界大学生举重锦标赛
	挺举	182 kg	乐茂盛	中国	2002 年 10 月 2 日 釜山 第 14 届亚运会
	总成绩	327 kg	金恩国	朝鲜	2012 年 7 月 31 日 伦敦 第 30 届奥运会
69 千克级	抓举	165 kg	马尔科夫	保加利亚	2000 年 9 月 20 日 悉尼 悉尼第 27 届奥运会

级别	项目	纪录	创造人	国籍	详细说明
69 千克级	挺举	197 kg	张国政	中国	2003 年 9 月 11 日 秦皇岛 亚洲举重锦标赛
	总成绩	357 kg	波耶夫斯基	保加利亚	1999 年 11 月 24 日 雅典 第 70 届世界男子举重锦标赛
77 千克级	抓举	175 kg	吕小军	中国	2012 年 8 月 1 日 伦敦 第 30 届奥运会
	挺举	210 kg	佩雷佩切诺夫	俄罗斯	2001 年 4 月 27 日 特伦钦 第 80 届欧洲举重锦标赛
	总成绩	379 kg	吕小军	中国	2012 年 8 月 1 日 伦敦 30 届奥运会
85 千克级	抓举	187 kg	里贝科夫	白俄罗斯	2007 年 9 月 22 日 清迈 第 76 届世界男子举重锦标赛
	挺举	218 kg	张勇	中国	1998 年 4 月 25 日 拉马干 世界大学生举重锦标赛
	总成绩	394 kg	里贝科夫	白俄罗斯	2008 年 8 月 15 日 北京 北京第 29 届奥运会
94 千克级	抓举	188 kg	阿卡基奥斯	希腊	1999 年 11 月 27 日 雅典 第 70 届世界男子举重锦标赛
	挺举	232 kg	科莱茨基	波兰	2000 年 4 月 29 日 索非亚 第 79 届欧洲举重锦标赛
	总成绩	412 kg	阿卡基奥斯	希腊	1999 年 11 月 27 日 雅典 第 70 届世界男子举重锦标赛

续表

级别	项目	纪录	创造人	国籍	详细说明
105 千克级	抓举	200 kg	安德烈	白俄罗斯	2008 年 8 月 18 日 北京 北京第 29 届奥运会
	挺举	237 kg	特萨 加耶夫	保加利亚	2004 年 4 月 25 日 基辅 第 83 届欧洲举重锦标赛
	总成绩	436 kg	安德烈	白俄罗斯	2008 年 8 月 18 日 北京 北京第 29 届奥运会
105 千克 以上级	抓举	214 kg	萨利米	伊朗	2011 年 11 月 13 日 巴黎 第 79 届世界男子举重锦标赛
	挺举	263 kg	拉扎扎德	伊朗	2004 年 8 月 25 日 雅典 雅典第 28 届奥运会
	总成绩	472 kg	拉扎扎德	伊朗	2000 年 9 月 26 日 悉尼 悉尼第 27 届奥运会

女子举重世界纪录

级别	项目	纪录	创造人	国籍	详细说明
48 千克级	抓举	98 kg	杨炼	中国	2006 年 10 月 1 日 圣多明各 第 18 届世界女子举重锦标赛
	挺举	121 kg	努尔 詹塔伊兰	土耳其	2010 年 9 月 17 日 安塔利亚 第 21 届世界女子举重锦标赛
	总成绩	217 kg	杨炼	中国	2006 年 10 月 1 日 圣多明各 第 18 届世界女子举重锦标赛

续表

级别	项目	纪录	创造人	国籍	详细说明
53 千克级	抓举	103 kg	李萍	中国	2010 年 11 月 14 日 广州 第 16 届亚运会
	挺举	131 kg	祖尔菲娅	哈萨克斯坦	2012 年 7 月 29 日 伦敦 2012 年奥林匹克运动会
	总成绩	230 kg	李萍	中国	2010 年 11 月 14 日 广州 第 16 届亚运会
58 千克级	抓举	111 kg	陈艳青	中国	2006 年 12 月 3 日 多哈 第 15 届亚运会
	挺举	141 kg	邱红梅	中国	2007 年 4 月 23 日 泰安 亚洲举重锦标赛
	总成绩	251 kg	陈艳青	中国	2006 年 12 月 3 日 多哈 第 15 届亚运会
63 千克级	抓举	117 kg	查鲁卡埃娃	俄罗斯	2011 年 11 月 8 日 巴黎 第 22 届世界女子举重锦标赛
	挺举	143 kg	马内扎	哈萨克斯坦	2010 年 9 月 20 日 安塔利亚 第 21 届世界女子举重锦标赛
	总成绩	257 kg	刘海霞	中国	2007 年 9 月 23 日 清迈 第 19 届世界女子举重锦标赛
69 千克级	抓举	128 kg	刘春红	中国	2008 年 8 月 13 日 北京 北京第 29 届奥运会
	挺举	158 kg	刘春红	中国	2008 年 8 月 13 日 北京 北京第 29 届奥运会

续表

级别	项目	纪录	创造人	国籍	详细说明
69 千克级	总成绩	286 kg	刘春红	中国	2008 年 8 月 13 日 北京 北京第 29 届奥运会
75 千克级	抓举	134 kg	波多贝多娃	哈萨克斯坦	2010 年 9 月 23 日 安塔利亚 第 21 届世界女子举重锦标赛
	挺举	163 kg	叶夫斯秋欣娜	俄罗斯	2011 年 11 月 10 日 巴黎 第 22 届世界女子举重锦标赛
	总成绩	295 kg	波多贝多娃	哈萨克斯坦	2010 年 9 月 23 日 安塔利亚 第 21 届世界女子举重锦标赛
75 千克以上级	抓举	151 kg	卡什里娜	俄罗斯	2012 年 8 月 5 日 伦敦 2012 年奥林匹克运动会
	挺举	187 kg	张美兰	韩国	2009 年 11 月 28 日 高阳 第 20 届世界女子举重锦标赛
	总成绩	333 kg	周璐璐	中国	2012 年 8 月 5 日 伦敦 2012 年奥林匹克运动会

中国历届举重奥运会冠军

姓名	级别	奥运会
曾国强	男子 52 千克级	1984 年洛杉矶奥运会
吴数德	男子 56 千克级	1984 年洛杉矶奥运会
陈伟强	男子 60 千克级	1984 年洛杉矶奥运会
姚景远	男子 67.5 千克级	1984 年洛杉矶奥运会

姓名	级别	奥运会
唐灵生	男子 59 千克级	1996 年亚特兰大奥运会
占旭刚	男子 70 千克级	1996 年亚特兰大奥运会
占旭刚	男子 77 千克级	2000 年悉尼奥运会
石智勇	男子 62 千克级	2004 年雅典奥运会
张国政	男子 69 千克级	2004 年雅典奥运会
龙清泉	男子 56 千克级	2008 年北京奥运会
张湘祥	男子 62 千克级	2008 年北京奥运会
廖 辉	男子 69 千克级	2008 年北京奥运会
陆 永	男子 85 千克级	2008 年北京奥运会
杨 霞	女子 53 千克级	2000 年悉尼奥运会
陈晓敏	女子 63 千克级	2000 年悉尼奥运会
林伟宁	女子 69 千克级	2000 年悉尼奥运会
丁美媛	女子 75 千克以上级	2000 年悉尼奥运会
陈艳青	女子 58 千克级	2004 年雅典奥运会
刘春红	女子 69 千克级	2004 年雅典奥运会
唐功红	女子 75 千克以上级	2004 年雅典奥运会
陈燮霞	女子 48 千克级	2008 年北京奥运会
陈艳青	女子 58 千克级	2008 年北京奥运会
刘春红	女子 69 千克级	2008 年北京奥运会
曹 磊	女子 75 千克级	2008 年北京奥运会
王明娟	女子 48 千克级	2012 年伦敦奥运会
李雪英	女子 58 千克级	2012 年伦敦奥运会
周璐璐	女子 75 千克以上级	2012 年伦敦奥运会
林清峰	男子 69 千克级	2012 年伦敦奥运会
吕小军	男子 77 千克级	2012 年伦敦奥运会

2012 年伦敦奥运会举重成绩

项目级别	名次	姓名	国籍或地区	成绩
女子 48 千克级	冠军	王明娟	中国	205 千克
	亚军	三宅宏美	日本	197 千克
	季军	梁春花	朝鲜	192 千克
女子 53 千克级	冠军	祖尔菲娅	哈萨克斯坦	226 千克
	亚军	许淑静	中华台北	219 千克
	季军	约武	摩尔多瓦	219 千克
女子 58 千克级	冠军	李雪英	中国	246 千克
	亚军	斯里卡亚	泰国	236 千克
	季军	卡利娜	乌克兰	235 千克
女子 63 千克级	冠军	马内扎	哈萨克斯坦	245 千克
	亚军	思鲁卡耶娃	俄罗斯	237 千克
	季军	杰拉德	加拿大	236 千克
女子 69 千克级	冠军	林敬熙	朝鲜	261 千克
	亚军	科科斯	罗马尼亚	256 千克
	季军	什科玛科娃	白俄罗斯	256 千克
女子 75 千克级	冠军	波多贝多娃	哈萨克斯坦	291 千克
	亚军	扎博洛特纳娅	俄罗斯	291 千克
	季军	库勒莎	白俄罗斯	269 千克
女子 75 千克以上级	冠军	周璐璐	中国	333 千克
	亚军	卡什丽娜	俄罗斯	332 千克
	季军	胡尔舒江	亚美尼亚	294 千克

项目级别	名次	姓名	国籍或地区	成绩
男子 56 千克级	冠军	严润哲	朝鲜	293 千克
	亚军	吴景彪	中国	289 千克
	季军	哈利斯	阿塞拜疆	286 千克
男子 62 千克级	冠军	金恩国	朝鲜	327 千克
	亚军	马斯奎拉	哥伦比亚	317 千克
	季军	伊拉万	印度尼西亚	317 千克
男子 69 千克级	冠军	林清峰	中国	344 千克
	亚军	特里亚特诺	印度尼西亚	333 千克
	季军	马丁	罗马尼亚	332 千克
男子 77 千克级	冠军	吕小军	中国	379 千克
	亚军	陆浩杰	中国	360 千克
	季军	坎巴	古巴	349 千克
男子 85 千克级	冠军	杰林斯基	波兰	385 千克
	亚军	奥卡多夫	俄罗斯	385 千克
	季军	罗斯塔米	伊朗	380 千克
男子 94 千克级	冠军	伊林	哈萨克斯坦	418 千克
	亚军	伊万诺夫	俄罗斯	409 千克
	季军	西里库	摩尔多瓦	407 千克
男子 105 千克级	冠军	塔拉赫季	乌克兰	412 千克
	亚军	纳西尔谢拉勒	伊朗	411 千克
	季军	邦克	波兰	410 千克
男子 105 千克以上级	冠军	萨利米柯达塞比	伊朗	455 千克
	亚军	阿努什拉瓦尼	伊朗	449 千克
	季军	阿尔别戈夫	俄罗斯	448 千克